サッカーで子どもをぐんぐん伸ばす11の魔法

プロローグ　魔法の読み解きかた

スペインのマドリードに、ヘタフェといって一部の下位にいるチームがあります。一昨年、そこの下部組織の練習試合を年代別に見学する機会がありました。

驚きました。幼稚園年長の6歳児が、絶妙なタイミングでパスをします。ボールを受けたらドリブルし、相手がきたらポーンとサイドでフリーの味方にパスするのです。各年代すべて、そんな場面がありました。日本の少年サッカーとは明らかに違いました。

しかも、教えられてやっているのではないようです。自分の感性とアイデアでプレーしています。コーチは子どもたちに指示を出したり、煽《あお》るような声は出しません。終始笑顔でいいプレーをした子をほめ、ゴールした子とハイタッチをし、ミスしたら励まします。スペインと日本の少年サッカーがなぜこんなにも違うのか。

その理由はその後、ワールドカップ予選のスペイン対クロアチア戦を観戦したVIP席で思い知りました。VIP席のいたるところに子どもたちがたくさん座っていたのです。そんなすごい試合を大人に混じって見るわけです。「育ち方が違う」とため息が出ました。

幼年期から一流のサッカーを見て育っているため、頭と体にイメージが染み込んでいる効果は絶大です。6歳児の流れるようなパスワークは、この国の歴史と伝統から培われたものだと感じました。Jリーグが10数年の歴史に対して、あちらは古いクラブだと約100年の歴史があります。子どもたちがふれるサッカー文化がまったく異なるわけです。この世界との差。日本がなかなか越えられない世界との壁は、すでに6歳の子の前に立ちはだかっているのです。

では、日本はどうすればいいのでしょうか。歴史はビデオのように早送りはできません。

であれば、まず少年サッカーの指導を見直すべきです。日本の少年サッカーは変わらなくてはならないと私は強く思います。

私はＪリーグ中、最年長の少年サッカーコーチだと自負しています。28年もの間、小学生を指導してきました。大会にも行きますが、そこで見かけるコーチの姿は明らかにスペインで見たものとは違います。常に選手を煽り「シュート！」「寄せろ！」と指示命令が飛び交います。自分で考える時間も、機会も与えません。なので、ベンチになると子どもは全員ベンチを見るのです。親たちも、わが子に期待するあまり顔をゆがませて怒っています。

30年近い指導経験の中で、このような大人につぶされていく選手、才能を伸ばしてもらえない子どもたちをたくさん見てきました。日本の少年サッカーを変えていくには、まず大人が変わらなければならないと痛切に感じています。

育て方さえ間違わなければ、日本の子どもたちはもっと伸びます。今、子どもたちに足らないもの、大人たちが改めるべきものは何でしょうか。本書では、子育てや人間教育の観点から、サッカーで子どもを伸ばす11の提案をしています。

指導するコーチに向けて書いた子どもへの接し方や教え方などの部分も、実はわが子をサポートするお父さんやお母さんの子育てに共通するものです。その逆もまた然り。家庭での子育ての話は、そのままグラウンドでのコーチングに応用できます。親・コーチと立場は変われど、大人が子どもを伸ばす方法や信じるべきものは変わりません。

この本は、指導者にも保護者の方にも読んでいただけたらと切に思います。加えて、サッカーではない少年スポーツに関わっている大人の方にも参考にしていただける一冊だと思っています。

CONTENTS

「だからダメなんだよ！」
抽象的な言葉で
叱ってばかりいませんか？

魔法1

肯定する

怒ったり、小言をいうより
前向きに取り組める雰囲気を作ろう。

殴った教え子に去られて気づいたこと

私は絶対に子どもを怒ったり叱ったりしません。そのことを講演などでも公言しています。「小学生の指導に叱る、怒鳴るは必要ないですよ」と。「殴る」なんて論外なのであえて言いません。そこで、コーチの方や親御さんから聞かれるのは「どうやったら、怒らないでできるのでしょうか?」ということです。

「どうすれば、大人が叱らなくてもすぐに集合できたり、話を聞いてもらえるのか」「指導する側が怒らなくても、子どもがうまくなったり、チームが強くなったりするものなのでしょうか」。そんな質問です。

実は私も新米コーチのころ、いつも怒っていました。指導者になりたての20代の前半くらいは血気盛んでしたから、言うことを聞かない選手を殴ることもありました。今でこそ自分で「論外」だと思っているのに、実は殴っていた時代があるのです。

ある時、ひとりの子を殴りました。チームのエース格の子でした。その子は「こんなクラブやめてやる!」と吐き捨てて帰ってしまった。でも、私はたかをくっていたんです。あいつはおれがどうして殴ったのかってことをわかってくれている。だから、あんなふうに言ったけどまた戻ってくる、と。ところがその子は、うちのクラブをやめて違うクラブへ行ってしまいました。要するに、私は愛想をつかされたんですね。

非常にショックでした。20代前半ですね。3か月くらい本当に悩みました。立ち直れなかったです。

「おれがあの子のためだと思って殴ったのに、それは伝わっていなかった。これはどういうことだ?」「殴っても許されるのはやっぱり親子しかダメなのか」

本当に様々なことを考えました。親子の愛情とか、コーチと子どもの間に育つ愛情とか、いろいろなことを。

そこで、まず、殴るのをやめました。その次に、子どもをやみくもに怒ったり、叱ったりするのをやめました。子育て支援に関わるようになった20代後半。ちょうど結婚して長女が生まれたばかりのころでした。子育て支援の関係者を通して、「STAR parenting(スター・ペアレンティング)」という子育てのスキルを学ぶプログラムに出会ったのがきっかけでした。

スター・ペアレンティングとは、親が子育てする際にイライラしなくなる。子どもも親からあまり叱られなくなる。そのためには「こうしたらよいですよ」という具体的な手法を示したもので、カナダやアメリカで支持されているものです。特に1歳から10歳までに効果的といわれていて、5つのポイント・スキルがあります。
①問題を避ける
②よい行動を見つける
③（子どもの）感情を認める
④限度を設ける
⑤新しいスキルを教える
最初のポイントになっている「問題を避ける」とはどういうことでしょうか。例えば、大事なものを子どもの手の届くところに置くと、間違いなく子どもはさわります。そうすると親は叱ります。「それは大事だからさわっちゃダメよ」と。でも、問題は何かというと、手の届くところにあることです。それを子どもが絶対さわれないとこ

ろに置くだけで、親も叱らなくて済むし子どもも叱られない。そんなふうにちょっと視点を変えたかたちに置き換えているのです。

最後の「新しいスキルを教える」とは、例えば、準備が遅い子がいますね。出かけるのがいつも遅くなる。お母さんは「早く準備しなさい！」と叱りがちです。「毎日、早く早くってそればかり言ってます」と反省しているお母さんがよくいらっしゃいますね。その場合、「支度に時間がかかるから、前の夜に自分が着る服とか準備してみたらどう？」というように、やり方を提案してあげる。子どもも方法がわかると言われなくてもやるようになります。

このスキルを知ったとき、これはスポーツの指導と一緒かもしれないと思いました。例えば、攻守の切り替えの時、相手のゴールキーパーがパントキックをする瞬間に背中を向けボールを見ないで走っている子がいますね。コーチは一斉に「おまえはいつもどこ見てるんだっ！」と叱る。でも、子どもは「ぶつかっちゃうんじゃないか、転んじゃうんじゃないか」と、首を後ろに向けて走ることに少なからず恐怖感があるのです。

ですので、ここは叱らずに「ボールを見ながら走ることと、ボールを見ないで走ることと、どちらがいいかなあ?」とまずは話をしてください。大事なポイントを理解する(見つける)ことが大切です。次に技術の問題を解決してあげること。例えば、「もっと早くポジションに戻ると、どうかな?」そんなふうに、ボールを見ながら走る方法を教えてあげることで解決できるかもしれません。

大人がイライラするパターンとは?

少年スポーツはどの競技も練習方法やメニューは山ほどありますが、子どもに対する接し方のプログラムはこれといったものはありません。なので、この「スター・ペアレンティング」を参考にしようと考えました。子どものために本来ならどう接したらいいのか。その一点を考えつつこの手法を念頭において指導していれば、感情的にならずにすみました。よくいわれる「発想の転換」です。

そのうち、自分を省みたり、ほかの指導者を見ていて気づくことがありました。少年サッカーの現場でコーチや親がイライラして叱るのは、大きく分けてふたつのパターンがあるのです。ひとつは何回言っても同じ失敗を繰り返すとき。もうひとつは、集中していない子どもを見たときです。

同じ失敗を繰り返す子に対しては、「自分のやり方が間違っていたんじゃないか？」という仮説を立てることです。すると、「よし、じゃあ違うやり方でやろう。これでどうだ」と新しいスキルを教えることを思いついて実践できる。そうすれば、子どもを叱らなくて済むわけです。子どものほうもストレスがなくなってくる。「わかったよ。やってみるよ」と取り組んでくれる。できると、それで達成感がわきますし、コーチへの信頼関係も生まれます。

練習で集中していない子どもに対しても、「気合が足らない」とか「どうして集中できないの！」と怒る前に一歩引いて客観的に考えてみます。メニューややり方が面白くないのかもしれない。その子たちのレベルに合っていないのかもしれない。そこをまずチェックしてみることです。

加えて、よくいるのは試合で集中できない子です。毎回集中できないのではなく、熱心にボールを追いかけている時もある。調子や意欲に波のある子は、どこのチームにもいます。「立ち上がりは目が覚めていない」とか「前半は走れない」などと、コーチや父母の方が不満を漏らしているのをよく聞きます。いずれにしても、そんな時「どうして集中できないの！」とほとんどの方が怒っていますね。でも、それはかえって逆効果です。子どもだって調子のいい日もあれば、悪い日もある。「どうしてなの⁉」と言われても、その子もわからない。からだがよく動く日もあれば、動かない日もあるのです。「さぼっている」と決めつけずに、「今日、調子悪いね。どうしてかな？」と問いかけてください。

子どもは恐らく、「おなかが痛かった」とか「疲れててからだが動かない」とか何かしら言うと思います。そうしたら「そうか。じゃあ、交替する？　休む？」と持ちかけてみる。すると、首を横に振る場合もあるでしょう。そこでようやく「じゃあ、何ができてなかったかな？　どこを直せばいい？」と具体的なプレーの話をしたらいいと思います。

3年生の子どもをみているコーチの相談で、「ぼくは体力がないから、最初から走ってたら最後までもたない」という子がいました。よくよく聞くと、その子はほとんど交替せずに1日3試合も4試合もやらされていました。子どもの集中力はそんなに続きません。「最後まで走る」とか「苦しさに耐える」といったものを美徳とする大人が多いのですが、体力はそのうちについてきます。体力がつく前にサッカーを嫌いになったり、単に「しんどいスポーツ」というイメージしか植えつけられないのでは、子どもの芽をつぶすことになります。後で述べますが、小学生年代は100%の力を出せる環境でプレーさせる、サッカーが楽しいという気持ちを育てることに主眼を置いてほしいと思います。

先ほどの「練習で集中できない子」の話に少し戻ります。

私が大阪のYMCAからジェフ千葉に移って、はや5年たちました。練習でイライラしているコーチが多いことを考える時、ジェフに来てから出会った千葉大学教育学部教授の徳山郁夫先生に聞いたお話を思い出します。

先生は「練習というのは、できないことをやるのが練習だ」とおっしゃいました。「練習でできることばかりやっているのであれば、それは練習じゃない」と。その言葉が今もすごく残っています。例えば、「こんな練習するよ」とやらせると、子どもたちができない。それで当たり前なのです。できないことをやる。すると、「できないからつまんない」という子が出てくる。もし、全員がそう言い出すのであれば、そのメニューは彼らには難しすぎるということ。みんながまるっきりできないのであれば、それは難しすぎるわけだから練習メニューを変更すればいいわけです。

ところが、それができたりできなかったりすると、俄然《がぜん》楽しくなる。でも一方で、その中にできない瞬間もないと、そのメニュー自体のレベルが低すぎるということです。そう考えると、できない子が何人かいるというのは、実はそのチームにとってそれが一番合っているトレーニングなのかもしれません。するとできる瞬間もあるわけなので、コーチも叱らなくて済む。ほめたり励ましたりできますね。フィットした練習メニューを選択しているかどうか、今一度見直してみてください。

自分の「部活体験」を参考にしていませんか?

コーチにしても、父母の方にしても、よく言っているのが「どうしてこんなことができないの?」という厳しい言葉です。これは子どもにとってNGワード。その子への期待が大きすぎると、期待に反したミスやプレーに対して「ええっ！　なんでできないの？」と大人は失望するわけです。がっかりしてしまう。でも、目の前にいる子はできないから困っているのです。「どうして？」と言われても、できないものはできない。ですから、できることはこれとこれで、どれくらいレベルを上げるとできないことが増えるのかということを、大人は知らなくてはいけません。

　例えば、練習試合の見方も同じです。相手が強く、プレッシャーがきつければ、練習でやっている普段通りのプレーはできません。できないことに大人はいらだちます。でも一番いらだっているのは子どもなのです。それなのに、大人は「だからダメなんだよ」とか「まだまだだなあ」といらだちを隠せない。子どもに追い討ちをかけてしまう。子どもが大人に言われて一番いやなことは「自分がわかりきっていることを何度も言われること」です。子どもが「わかってるよ」と言っても、「いや。おまえはわかってない！」と強硬に怒っていませんか？

　子どもが理解する必要があるのはそれからあとのこと。「次にどうしたらいいのか」「これから何を練習したらいいのか」ということ。ですから、見ている大人は力関係をうまく見計らってください。相手が強ければできないことも出てくる。でも、できることもある。「今日の相手は強かったなあ」とまずはねぎらってあげてください。そして、子どもたちに問いかけをして結果を整理していくのです。「そうだね。あのプレーとこのプレーは通用したね。次また試合をやるまでに、あそことここを練習していこう」

大人は、特にコーチの方は、そういったところが見えてくるよう勉強してほしいと思います。

加えて、「ほめる」という行為は子育ての現場では大切です。日本人は、特に今の大人はほめられて育っていないので、ほめることが苦手です。私もどちらかといえばそういうタイプでした。今でも、大学生や大人のカテゴリーをみる時は、「それでいいの?」という言葉が多くなります。「もっとうまくなるはずだ」とか「もっとよくなるはずだ」そう思ってしまうと、そこですぐほめたり喜んだりできないのです。

でも、私は小学生、中学生の子どもたちはほめます。その方が子どもは伸びるということを経験上わかっているからです。それと、単純に子どもがうれしそうな顔をしていることが自分もうれしいからです。「ああ、今のプレー、よかったよね！」と。うまくできたときは、子どももニンマリして満足そうな顔をしています。その顔を見て指導者が反応してあげることはすごく大事です。肯定する。そこは親子でも同じですね。

とはいえ、コーチも父母の方も「わかっているんだけど、つい怒ってしまう」という人のほうが今は多いと思います。ほめようと思っているのだけれど、気がつくと怒っている。そういう方は子ども以上に「勝ちたい」という欲求が強すぎるのです。勝ち負けに関することはこのあとでお話ししますが、「つい怒ってしまう」人以上に困ってしまうのは、「子どもを怒って指導するのは当然」と考えている方々です。

そういう方は、無意識のうちに自分の「部活体験」を参考にして指導されているのではないでしょうか。今の大人の方のほとんどが、少年スポーツの指導法がスパルタそのものだった時代を生きてきています。もしくは、小学生年代を飛び越して中学生時代の部活体験しかありません。中学生と小学生では当然のことですが、心や体の成長具合はまったく異なります。

あるコーチの方で、試合中に子どもを「干す」のが得意（？）という方がいました。

怒られて意気消沈してプレーができなくなったり、何度も同じミスをする子ども。要するに先に指摘した「大人が一番いらつく子ども」に遭遇すると、そういう子に「もう、おまえは試合に出さない」と宣言してずっとベンチに座らせるのです。いわゆる「お灸をすえる」「罰を与える」というやり方ですね。そんなふうに子どもの奮起を促す。それが少年サッカーでも常套《じょうとう》手段だと思い込んでいるのです。

恐らく、そのコーチはどこかの場面で、その方法を用いたら這い上がった子がたまたまいたのでしょう。自分にコーチとしての成功体験があったのだと思います。なので、子どもというのはそうすれば歯向かってくるもんだと信じているのでしょう。でも、私は小学生年代ではそのやり方は難しいと思います。子どもは干された理由なんて本当は理解していません。「ぼくは出してもらえなくなった」という現実、もしくは「コーチに嫌われちゃった」という感覚だけしか残りません。そうなると「また出られないのか」「ぼくはずっと出られない」と落ち込みます。当然やる気もなくなるし、そこから這い上がろうなんて思えません。

たまたま成功した子もいたのでしょうが、そのやり方でつぶしてしまっている子どものほうが多いのではないかと思います。もしくは、一度はそのやり方で奮起を促しても同じやり方は二度と通用しません。子どもは逆にしらけてしまって「ああ、今度はあいつが干されてるよ」とコーチを軽蔑するようにならないとも限りません。

試合に出さないというのは、いわば罰ですね。それは日本の教育の古くからの手法です。公式戦で負けた直後に「グラウンド5周！」などと子どもに命令して罰走をさせたり、シャトルランや練習をさせたりするチームがいまだにあります。私のサッカー人生の中でも、そんな経験はいっぱいあります。自分がやらせたこともあるし、やらされたこともある。でも、それを振り返った時に「あれはプラスになったなあ」ということは皆無です。

「負けたけど、どうする？　また練習する？」と言ったら、子どもたちが「また練習しようぜ！」と自分たちから練習し始めたというのならまだわかります。そうでなければ、「今日はどうだった？」と問いかけて気持ちを整理してあげる。次の課題をみんなで理解し合う。そして、「また来週ね！」と手を振って家に帰してあげればいいのです。

「悔しくないのか!」
負け始めると
怒っていませんか?

魔法2

上達する

勝利至上主義ではなく、
フェアプレーと「いいサッカー」で、
子どもはぐんぐん伸びる。

負けそうになるとリセットボタンを押す子ども

私は、子どもたちに「勝ち負け」をしっかり自分たちで決められるようになってほしいと思っています。今の子どもたちは、勝ち負けを決めることを避けているように感じることがあります。例えば、低学年のチームで試合をしていると、「コーチ、今、何対何？　どっちが勝ってるの？」と聞いてくる子がたくさんいます。勝敗の行方にあまり興味がありません。

社会学などの専門家によると、それらの原因のひとつはテレビゲームだそうです。対戦型のテレビゲームで負けそうになると、すぐにリセットボタンを押してしまう子がいます。負けると悔しいからか、結果を受け入れる勇気がないからなのか、勝ち負けをちゃんと決めません。学校の中でもそういった時期がありました。運動会でみんな並んでゴールインしようなどと、成績では優劣をつけるのにスポーツではそれをしない。そんな風潮がありましたね。

勝って喜んでいると「相手のことを考えなさい」と言う先生がいました。では、勝った子のうれしい気持ちはどこで表現したらいいのですか？　喜んだあとに、対戦相手をねぎらい「今日はありがとう」と言えばいいだけのことだと私は思います。

でも、現実は学校の教育が「負けず嫌いをつくらない教育」のような気がします。地域を巡回指導する「サッカーおとどけ隊」の時、私も子どもと競争したり対戦します。私が負けててもわざと「池上コーチの勝ちでしょ！」と言うと、「じゃあ、いいよ。勝ちで」と拍子抜けするくらいすんなり認めてしまう子がいます。「違うよっ！　ぼくが勝ったよ！」と言わない。もうどっちでもいいでしょ。そんな感じなのです。

ですから、勝ち負けがはっきり決まるようなメニューをたくさん子どもにやらせます。例えば、ドリブル競争やシュートゲームなどをふたりで競争させます。その中で勝ったら、今度は勝った人の中から相手を探して、勝った者同士で対戦します。負けると、負けた人を探して負けた者同士でやります。このような勝ち負けが決まるゲームをたくさんすると非常に集中し、どうしたら勝てるかということも自分で考えるようになり、子どもは上達します。

加えて、スポーツには勝ち負けがあることを理解し、勝ったらうれしい、負けると悔しいという気持ちが育つのです。対戦相手を自分で選ばせると、あいつとはやりたくないとか、こいつの方が勝てるかもしれない。そんなふうに相手の力を推し量る能力も身につきます。

大人の勝利至上主義「3つの弊害《へいがい》」

子どもが勝ち負けにこだわることは大切だとお話ししましたが、大人が勝ち負けに強く執着するとすべてがマイナスに作用します。少年サッカーに勝利至上主義を持ち込んだ場合、大きく分けて3つの弊害があると私は考えています。

試合に勝つことはもちろん大切なことですが、大人が勝ち負けに主眼を置きすぎていると子ども自身がサッカーをしなくなります。これが、ひとつ目の弊害です。

ジェフに来て最初の年に中1のチームのコーチを担当しました。私が来たときは、すでに300人もの中からセレクションを突破した20人ほどが選ばれていました。

最初の大会で、柏レイソルに0対9で完敗しました。私ひとり、ベンチで騒いでいました。「君たち、どうしたらええのかな?」って。でも、子どもたちはじっと下を向いている。そこで、問いかけました。「君たち、ここに何をしに来たんかな?」って。それでも誰も何も言わずに顔を上げない。

「君ら、サッカーしに来たんでしょ? サッカーで点を入れられるの、当たり前やん。向こうがうまかったら点入れられるのは当たり前。でも、それでも点を入れにいくのがサッカーでしょ?」

そんなことを話しました。

「サッカーなんだから、点を入れられるのは当たり前。サッカーは点を入れられたり、入れたりするゲームなんだから。9点差? それがどうした? さあ、やろう、やろう、サッカーやろうや」

その後、夏休みにもう一度「ジュビロカップ」という大会に連れて行きました。相手はヴィッセル神戸。後半の序盤で1対7で大量ビハインドの試合だったのですが、うちの子どもたちはまったく意に介さない。点を入れられても、入れられても、「よし! 行こうぜ! おれらのサッカー、するぞ!」ってみんなで声を掛け合うんです。1対7ですよ。春にやった柏戦のときと同じように、こてんぱんにやられているにもかかわらず、前向きな姿勢をまったく崩さない。

そうすると、神戸の選手もベンチも、応援に来ている親たちも、「えっ？　おれら、確か勝ってるはずだよね？？」というふうに顔を見合わせているわけです。うちのチームがあまりにも元気だから、圧倒されている感じでした。

後半の途中でもう1点入れた時なんてみんな抱き合って大喜び。「やったぁ!!」「わーっ！」って。優勝でもしたような騒ぎでした。

それがスポーツだと思うのです。それがフェアプレー。柏戦のときみたいに0対9で下を向いているチームはフェアじゃないと思っています。大量失点してサッカーをしなくなるチームはフェアじゃない。何点入れられようが、真摯《しんし》にそれを受け止めて戦っていくことがすごく重要です。15点入れられても「さあ、1点返すぞ！」と立ち向かっていく。その姿勢こそが上達につながるのです。

「スポーツには勝ち負けがあるよね」

このチームには、柏戦の後からずっとこのことを言い続けてきました。

「負けていると楽しくないけれど、じゃあ〝やーめた！〟と言って、試合を放棄して帰るんですか？　君たちが帰ってしまうと、相手の人がサッカーできなくなるよ。負けてるからもうサッカーやらないっていうのは、フェアじゃないでしょ？」

中学1年生、12歳の子どもたちにそんな話をずっとしてきました。小学生のサッカーではこのことはもっと重要になります。それを大人はわかっているのでしょうか。

「頑張ってないから、負けてるんだ！」そう言って子どもを叱咤《しった》するコーチは、そのあたりを理解していません。子どもはもう十分頑張っているんです。

そういうコーチが受け持っているチームの子は、負け始めるとすぐに下を向いてしまいます。意気消沈していつも通りに動けなくなってしまう。そして、うつろな眼でベンチを見る。そうなると、コーチは今度は「おまえたち、悔しくないのか！」と叫びます。やっている子たちが悔しくないわけがありません。自分たちと同じ学年の子に力の差を見せ付けられるわけですから。もし、あなたが見ているチームが、下を向いてプレーができなくなる子どもばかりだとしたら、それはコーチの責任でもあると考えてください。

「いいよ。何点取られてもいいから、自分たちで点取ってきてごらん」

「1点取りに行こうぜ」

私がよく使う言葉です。勝ち負けじゃなくて、自分たちも点入れてごらんよと。それがわかってくると、例えば0対7のゲームが1点入った瞬間にうれしくて仕方がないサッカーに変わるのです。1点返したからって逆転できるわけではないのですが、気持ちとしては今日は「1点取れた」、負けて悔しいけど「やったぞ！」という達成感は必ず残ります。

「負けた試合のほうが、得るものは大きい」

大人はよくそう言いますね。でも、負けているからといってサッカーをしなくなるのでは、何の収穫もありません。上達しません。大人が勝つことにこだわれば、逆境に強い子どもが育ちますか？　劣勢の試合で逆転することができますか？　私はそうではないと思います。リードされても、冷静にどこをどうすればいいのか考えながら、強い気持ちとサッカーを楽しむ気持ちをもってプレーできる。そういう子どもが育ってほしい。「1点返そうぜ！」と手を叩き、自分とチームメイトを鼓舞した記憶は、その後の人生の大きな糧《かて》になるのですから。

熱狂的なのに結果にこだわらないスペインの親たち

もっと困ってしまうのが、子ども以上に勝ちにこだわってしまう父母の方です。1点返して喜んでいる子どもたちに対して「1点取ったくらいで喜んでいる場合じゃない!」と叱ったお母さんがいたそうです。スポーツやサッカーは素人で全然構わないのですが、自分たちより強い相手と一生懸命戦っている子どもの気持ちを少しは汲《く》んでほしいですね。「1点取ったけど、まだ負けてるじゃないの!」そんな自分の感情を隠そうともしない。

そういう父母の方がいるチーム、コーチが勝利至上主義のみで引っ張っているチームは、敗戦後引き揚げるときはもう世界が終わるかのような顔をしています。コーチも、子どもも、応援に来た父母も、本当に暗い顔で肩を落として歩いています。

「どうしたんですか? この子たちのサッカー人生はまだまだ長いのですよ」

そう声をかけたくなります。「何をそんなに落胆してるんですか?」と僕は思うわけです。そのようなチームの大人たちは「子どもを育てる」ということ自体を、長いスパンで考えていないのだと思います。

では、日本以外の国のサッカー少年の親たちはどうだと思いますか？

２００５年に私はＪリーグアカデミーの研修でスペインとスイスに研修に行かせてもらいました。そのときに、スペインのマドリードで子どものサッカーの試合をちょうど見ることができたので、応援に来た親たちをずっと観察していました。どんな応援するのか、どんなふうに声をかけるのかなとずっと見ていました。

親たちの応援は思っていた通り、本当に熱狂的でした。チームの応援歌は歌うし、立ちっぱなしでこぶしを突き上げて声援を送る。すごかったです。けれども、プレーについてああしろ、こうしろの指図はしません。子どもたちのプレーの一つひとつに拍手を送ったり、悔しがったりしていました。

試合が終わってから、負けたチームの親の後についていってみました。すると、親子で手をつないでそのクラブハウスのカフェテリアに行きました。子どもはジュース、お父さんはビール、お母さんはコーヒーなどでしょうか。それらを飲んで楽しそうにしゃべっているわけです。本当に楽しそうに。その後は車に乗って帰って行きました。

どの家族の様子を見てもみんなにこやかでした。日本の少年サッカーに見られる、負けたチームの親子の「世界の終わり」みたいな暗さは、一切ありませんでした。

結果にはこだわっていないのです。国民性だと思いますが、その国民性が色濃くにじみ出てくるのが教育のありようではないでしょうか。バルセロナ、レアル・マドリードという世界有数のクラブを擁し、ラウルやプジョルなど世界的なプレーヤーを輩出するスペイン。その国が紡いできた教育の結果だと感じました。日本も教育そのものを考えなければまずいんじゃないかと危惧《きぐ》しています。結果優先、成績重視でやってきて、学ぶ楽しさを味わうことに重点を置いてこなかったんじゃないか。私はそう考えています。

残念なことに、日本では大人が子ども以上に勝敗に動揺してしまうようです。顔を真っ赤にして怒っているお父さん、髪の毛が逆立っている（？）お母さんを見かけます。でも、よく考えてみてください。子どもはどうしても、目の前の勝ち負けに一喜一憂します。子どもですから当たり前です。落ち込んでは、また立ち直る。そこを大人は支えて導かなくてはならないのに、大人のほうが子ども以上に傷ついている。それでは困ります。

子育ての現場でよく言われることですが、子どもの感情に共感してあげるのはいいことです。負けた子どもたちが「悔しい」と言って泣けば、「そうだね。悔しかった。残念だったね」と親は共感してあげるべきです。けれど、子どもの感情に親まで同化してしまってはいけません。そうなると、「コーチに力がない」「戦術がない」「あの子はあそこで交替させたほうがよかった」などとピッチ外から親が口をはさむようになり、チームが混乱してしまう場合もあります。

ユニフォームを引っ張る日本の子どもたち

勝利至上主義の話に戻しましょう。

勝つことに主眼を置くことのふたつ目の大きな弊害は、「子どもが上達しない」ということです。勝つことばかり目標にしてしまうと、いいサッカー、つなぐサッカーができなくなります。例えば、勝利にこだわると、小学生年代ではどんどん前に蹴るサッカーになります。よく見かけませんか？　コーチも親もピッチの外から「前に蹴れ！」「大きく蹴れ！」と叫んでいるチームを。低学年から5年生くらいまでの大会では、本当に多いです。

もちろん、裏をつくパスは戦術として有効ですし、狙ったパスは美しいものです。ですが、ここでいう前へ蹴らせるサッカーは、子どもに何の意思もありません。せっかく練習でドリブルやパスを練習しても、試合でいつもただ蹴ってばかりのサッカーでは、子どもは何の技術も磨けないのです。このような指導法では、ポテンシャルの高い子はおろか、全員がうまくなりません。幸いキック力だけは向上するかもしれませんが、結果的に子どもたちの才能をつぶしてしまうことになります。ボールを取られることを恐れず、きちんとつなぐサッカーを目指してほしいと思います。

攻撃だけではありません。守備力も向上しません。

ずいぶん前から、少年サッカーの大会でユニフォームを引っ張る子どもが目につきます。「Jリーグの選手がやるからだ。それを見て子どもが真似をする」という指導者もいますが、それだけでしょうか。試合で子どもが故意に相手選手のユニフォームを引っ張っても、見て見ぬふりをしているコーチがいます。ピンチになったら審判に見えないように引っ張ることもテクニックのひとつと、教えているコーチさえいます。なぜなら、そこまでしても「勝ちたいから」です。そして、子どもは自分が相手に引っ張られたら今度はその真似をする。子どもが子どもの真似をしているのではないでしょうか。

世界のトッププレーヤーを見ていただいたらわかると思うのですが、ユニフォームを引っ張るような選手はいません。世界の本当のトップ選手は10人もいませんが、ユニフォームを引っ張るようなことは絶対にない。カカ（ブラジル）が引っ張っているのを見たことがありますか？　ところが、そのすぐ下のランクになるとたちまち増えます。だから、ワールドカップではユニフォームを引っ張っている映像がたくさんあるのです。逆に引っ張られているのはそのトップ10の選手です。

トップ10を目指してほしいわけではありません。スポーツをしている限り、私たちはそういうフェアプレーのできる人間に育てるべきじゃないかと思うのです。

目先の勝利ではなく子どもの未来を見つめよう

３つ目の弊害は「チームに過度な摩擦が起きる」ということです。先ほど、大人が勝ちにこだわりすぎると、ピッチ外から親が口を挟んでチームが混乱する元になるとお伝えしました。それが選手間、子ども同士の間でも起きてしまうのです。まず、私が小学生のチームを持っていた時代のやり方を説明しましょう。

試合をする前に、子どもにまず尋ねます。

「今日の試合、みんなどうしたいですか？　勝ちたいんですか？　負けたいんですか？　何をしますか？」

子どもは答えます。

「勝ちたーい！」

「じゃあ、みんな何をしたらいいですか？」

そんな順番で話をし、試合での具体的な決まりや目標を整理してあげます。

試合が終わったら、また問いかけます。

「みんな試合前にこう言ったけど、結果はこうなったよね。どうでしたか？　何ができて、何ができなかったかな？」

そこでまた話をまとめます。「じゃあ、今度はそれを練習すればよくなるよな」それで終わりです。

この時、子どもたちは自分たちで「もう、くよくよしていられない」という感情とともに、「負けても新たに自分が次にすることはちゃんと見つけた」という充実感に包まれます。

俗にいう、試合後のミーティングというか反省会みたいなものです。ところが、子どもですから、負けたことを誰かのせいにしてしまうことがありますね。「あいつがあそこでノーマークのシュートを外したから負けたんだ」というような文句が出てきます。

そういうときは「君はミスしたことないの？」と言えばよいのです。そうすると、みんな間違いなく黙ります。中には「いや、ぼくは失敗するけど、今日はしていない。今日失敗したのはA君だ」という屁理屈も出てきたりします。子どもの世界では、そういうのは当たり前ですね。

今度はそう言われた子が、それを自分の中でどう消化するのかが問題です。「ぼくは今日失敗したけれど、おまえだってこのあいだの試合でミスしたじゃないか」そう言い返す子もいるでしょうし、自分の中で黙って受け止める子もいるでしょう。

今の子どもたちは、人から言われたことを自分の中で消し去る力が弱いです。「あいうふうに言われたけど平気さ。またがんばればいいんだから」と、そんなふうになかなか吹っ切れない。まともに受けたり、あるいはいじめられたと感じて大きなダメージを受ける。ちょっとやそっとでは揺るがない心の土台になる「自己肯定感」というものが育ってないんですね。さらに悪くなると、そういう子どものいさかいに親がからんできてよけい泥沼化するわけです。

だからこそ、子ども、コーチ、そして父母の方も共通の認識を持つことが重要です。「スポーツには、勝つ時もあれば負ける時もある。勝ち負けは少年サッカーではそんなに重要なことじゃないよ」ということを。今日は負けたけど、次は勝てるかもしれない。今日は勝ったけど、次は負けるかもしれない。そういうことが、子どもにもだんだんとわかってきます。そうなると、負けたからといってチームメイトを責める気にはならなくなります。人を責めることは何の意味も持たないことに気づくのです。

大人は目の前の勝利に目を奪われずに、子どもの未来を見つめてほしいと思います。未来を育ててください。「この子、どんな選手になるのかなあ」とワクワクした気持ちで見守ってほしい。ちょっと気持ちを切り替えれば、実は簡単なことです。

小学生の全国大会を廃止したブラジル

とはいえ、目の前に、例えば全国大会などのような大きなチャンピオンシップがあると、大人も子どもも憧れを抱く気持ちは出てきますね。

サッカーの先進国を見回すと、ブラジルもヨーロッパのどこの国でも小学生年代の全国大会は開催されていません。日本や韓国など東アジアの国だけです。実はブラジルでは、かつて小学生の全国大会を開催していた時代があったそうです。ところが、その時代にいい選手が生まれているかというと、結果的に育っていなかったのです。それで、ブラジルは開催自体をやめてしまった。全国大会がない時代の方がいい選手が育っていたことに気づいて大会の歴史を閉じたのです。

そのように、サッカー大国のブラジルが歴史を踏まえて進化しているのに、日本はあまり学んでないようです。日本の全国大会はサッカーの普及や底辺拡大を目指したものだったと聞いています。その役目はすでに十分果たしたのではないでしょうか。

普及といえば、私たちジェフの「おとどけ隊」も同じ目的で活動しています。およそ5年間で、千葉県内190の保育所、幼稚園、小学校、地域クラブを訪れ、私は延べ10万人の子どもたちにサッカーを教えてきました。少年サッカーの指導法を広めるとともに、普及もひとつの目的です。

ところが、地域のサッカークラブに指導に行くと、「あのう。なんだか、サッカーで遊んでいるだけですよね」「楽しんでいるだけですよね」という評価しか出てきません。さらに、「こんなことで試合に勝てるんですか?」と言われます。指導の対象が低学年であっても、そういう言葉が返ってきます。「これをやって試合に勝てるんですか?」と。

何のために子どもはサッカーをしているのでしょうか。何のために大人はサッカーを教えているのでしょうか。「勝つため」だけなのでしょうか。

実際は、子どもが楽しくて、喜んでサッカーをしている方が体力がつきます。頭も使います。サッカーもうまくなります。けれども、厳しい練習に耐えることの方が重要だと思っている大人の方が多いようです。歯を食いしばって汗を流しているのが選手で、それがスポーツ。子どももそうあるべき。どうも、そんなふうに思い込んでいるようなのです。

ある日、ひとりのコーチの方からこう言われました。

「池上さん、勝ち負けはどうでもいいや。みんなで楽しもう、がんばろうって子どもに言うようにしたんです。そうしたら、けっこうみんな上達しちゃって以前より勝てるようになりました。偶然でしょうか。不思議ですねぇ」

私は即答しました。「不思議じゃないです。偶然でもないです」

つい先ほど、お伝えしましたね。子どもが楽しくて、喜んでサッカーをしてる方が体力がつく。頭も使う。サッカーもうまくなりますよと。私はその方のチームが強くなったのは、まったくもって必然的だと思っています。

「サッカーを
最優先しろ！」
子どもに押しつけては
いませんか？

魔法
3

楽しませる

サッカーは「習い事」ではなく、
「遊び」です。

「サッカーを楽しむ心」を育てよう

「勝ち負けではなく、とにかくみんなで楽しもう」

『魔法2』でお伝えしたように、コーチがそう決めた途端、以前より勝てるようになったそうです。なぜならば、子どもが楽しくて、喜んでサッカーをしている方が体力がつきます。頭も使う。そして、サッカーもうまくなります。

ところが、そのコーチのように「サッカーを楽しむ」ことに重点を置いて指導している指導者はまだ少ないようです。小学生年代から、コーチや親から「前に蹴って！」とか「シュート！」と、追い詰められた雰囲気でサッカーをやらされているようです。

「砂漠の上に、裸足で立ってプレーしている」

ヨーロッパなどで、日本のサッカーを評してよく言われる言葉です。日本人はどうも砂漠の上でサッカーをしているように見える、と。砂漠の上は熱いから、足を止めないで、バタバタ、バタバタしている。そんなふうに表現されてきました。ヨーロッパのプロチームは一部の下の方のチームでも、プレーに非常に余裕があります。バタバタしないのです。

日本の少年サッカーは、育成のプロセスからすでに問題があるような気がします。先ほど書いたように、子どもたちが非常に追い詰められた雰囲気でプレーしているような気がしてなりません。

実は私の娘たちも小さいころからサッカーをやっていました。上の娘が小学4年生のとき、私も応援に行ってビデオを撮っていました。私はニコニコしながら撮っていました。前半0対7で負けていたのですが、子どもたちは一生懸命プレーしていました。

すると、私の妻がベンチの後ろから走ってきてこう叫ぶわけです。

「お父さん、何とかして！」

何とかしてと言われても。「おれが出るわけにいかへんやろ」と言いました。妻の親としての気持ちはよくわかりますが、子どもたちはすごく頑張っている。頑張れば頑張るほど、7点差ぐらいになると、そういう試合というのは空回りしてしまいがちです。どんどん入れられる。

それでも妻はしつこくて「なんであんなこともできへんの！　うちの子は！」などといきり立っている。「おまえ、一回サッカーやってみろ」と言いました。「そやけど、ノーマークのシュート、外してんで！」と言うのです。

妻も含めて父母のみなさんには、手ではなく足で丸いボールをコントロールすることがどれだけ難しいかを知ってほしいと思います。なので、私はＹＭＣＡで自分のチームをもっているときは、よく親子サッカーを催しました。そうすると、足を使うサッカーがどれほど難しいか、ピッチいっぱいに走ることがどんなにハードかを身をもって実感してもらえます。

コーチはもちろんですが、父母の方も子どもを追い詰めずいい雰囲気で応援してほしいと思います。私はいつも保護者にベンチの後ろで観戦してもらいました。「私がどんな声を子どもにかけているか聞いていてください」と言って。

私は子どもを追い詰めたり、せかしたり、選択したプレーを否定したり、けなしたりしません。なので、保護者の方はかける言葉に迷うようで口をつぐみます。応援席がまるでお葬式のように静まり返ってしまいました。「いや。あのですね～、励ましたり、ほめたりはしていいのですよ」と言いましたが。

私などは子どものころ、毎日のように学校帰りに「よし、野球の試合しようぜ！」と校庭や近所の空き地で草野球に明け暮れました。負け続けても懲りずに「また明日やろうぜ！」と約束して帰る。毎日楽しめる。それができたのはどうしてかというと、野球が私たちにとって遊びだったからです。

指導するコーチも見守る親も、いま一度考えてほしいと思います。子どもにサッカーをさせる意味は何でしょう。

「サッカーは人生の縮図のようなものだ。人生のいろいろなことを学べる。サッカーで子どもを育てることができる」

日本代表の監督を務めたオシムさんはそう言っています。

あなたはサッカーで子どもの何を育てますか？　子どもの何を育てたいですか？　体力でしょうか。根性でしょうか。仲間意識でしょうか。私は、小学生年代は「サッカーを楽しむ心」というところにつなげてほしいと願います。

サッカーは習い事!? 「休みがほしい」という子ども

今の子どもたちにとって、サッカーは遊びではなく習い事感覚のようです。「習い事、何やってますか?」おとどけ隊で小学校や少年団に行ったとき、よく子どもたちに尋ねます。彼らの答えは、公文、そろばん、英語、スイミング、少年野球、サッカー――。「えっ? サッカーって習い事なん?」と驚きますね。「ぼく、1週間ずっと休みないねん」という子(私の大阪弁を真似したりします)もいます。「そりゃ、かわいそうやなあ」と同情します。それにしても、スポーツがそんなところに位置づけられている現実はとても悲しいことです。

子どもたちはどうしてサッカーを始めるのでしょうか。親に言われて始めるのか、自分からやってみたくて始めるのか。子ども自身が「サッカーがしたい」と言ったとしても、サッカースクールやクラブに入るかどうかは最終的に子どもが決めるのではなく、親が決めてしまうことが多いのではないでしょうか。しかも日本では、サッカーはサッカークラブに入らないとできない。町の路地で行うストリートサッカーなどはありません。これはこれで問題ではあるのですが。

「サッカーをする」というきっかけ、発想の部分が、どうもスイミングクラブや公文やピアノ教室と似ているのではないか。そんなことを指導者仲間とよく話します。

例えば、子どもたちに「1週間、何をしていますか?」という質問をします。すると、こんな子が結構います。

「1週間、全部習い事で埋まってまーす。月曜日は英語に行って、火曜と金曜はスイミングに行って、水、木は塾に行って……。ええっと、それでもって、土・日はサッカーに行ってまーす」

「じゃあ何が一番したい?」と聞くと、こう答えます。

「休みがほしい」

驚きます。休みがほしい子の忙しさのなかに「サッカー」も入っているのです。これが私には悲しくて仕方ありません。1週間全部詰まっているから休みがほしい。子どもが追い詰められている習い事のなかに、サッカーが入っているわけです。

私はYMCAにいたので水泳や他のスポーツも教えていました。他のことをやっているからという理由で休む子もいましたが、そんなことは全然平気でした。「違うことをすることはすごくいいことだから、サッカーを休んで行けばいいよ」と話しました。1日ぐらい休んでも大勢に影響はないと。例えば、「家族でハワイ旅行の予定があるけれど、大会と重なっているのでどうしたらいいでしょうか」といった相談がきたら、「はい、ハワイ行ってらっしゃ～い」と気持ちよく送り出しました。

ですが、日本では、そういったことを絶対に許さない指導者のほうが多いのではないでしょうか。私の知る限り、9割近くは許していません。家族で出かけて練習を休んだ子どもに「サッカーを最優先にしろ！」と怒るコーチもいるようです。もっとひどいケースになると、「遊びを優先するんだったら、もう試合に出さないからな」と脅す。さらに、野球と両立している子が「野球の試合があるから」というと、「どっちかに決めろ！」と選択を迫るコーチもいます。これは少年野球や他のスポーツの指導者も同じ。同様のリアクションをする人たちが多いようです。

対する父母の方は、旅行や家族一緒に出かけるときは子どもを連れていきたいのだと思います。親と一緒に出かけるのは小学生のうちだけ、今のうちに家族で楽しみたいと思っています。家族キャンプにしろ、祖父母のいる田舎へお祭りに行く、海外旅行に行くなど、家庭ごとに子どもに経験させたいことがあるのです。

お母さんたちは「コーチ、行っていいですか?」とわざわざ聞いてきましたが、私は「相談しなくていいんですよ。どうぞ行ってください」と言いました。親の本当の心配は何かというと、休んだことで自分の子どもが試合に出られないんじゃないか、そういうことが心配なだけなのです。それを保証したら、親は子どもをそそくさと遊びに連れて行きます。私はそれでいいと思います。

「サッカーを優先しろ」と言葉に出さないまでも、「家族は旅行に行くけど、自分は試合に行きたい」と子どもが言い出すのを待っているコーチは多いようです。「家族旅行を優先するうちは、まだ本当にサッカーにのめりこんでいない」と決めつけているわけです。

私は逆に、もし子どもが「ここで休むと、ぼくは次の大会に出してもらえないかもしれない。心配だからサッカーを取るよ」と言っても、「心配しなくていいから行って来なよ」とコーチが言えるようになってほしいと思います。そうならないと、日本のスポーツは間違いなく発展しないと考えています。

人間には余裕が必要です。特に子どもが時間や気持ちに余裕を持つことは、すごく大事なことです。練習や試合をやればやるほどうまくなるのなら、たくさんやればいい。でも、本当にそうですか？　違いますよね。「練習は裏切らない」なんて大人はよくいいます。もちろん適度な練習は必要ですが、スポーツは絶対にそうではありません。特に少年スポーツは絶対に違うと私は思います。やりすぎて燃え尽きてしまう子、サッカーがいやになってしまう子、きらいになってしまう子を私もたくさん見聞きしてきました。「最優先にしろ」という大人がつぶしてきた子どもたちです。

ですから、「ぼく、行ってくるよ」って行って、しばらくして戻ってきたら「さあ、サッカーやろうぜ！」と言ってあげてください。少年サッカーは「サッカーが楽しい！」と心から思えるようにすること。そこが一番の目的であると、大人は考えてほしいと思います。

全員に出場するチャンス（権利）を与えよう

ＹＭＣＡで少年チームをみていたころの話をしましょう。当時、その周辺のスポーツ少年団は3年生からしかなかったので、ＹＭＣＡの1～2年生のチームは3年生の大会に出ていました。そうすると、どうしても0対12とか一方的な展開になります。12点入れられても私はニコニコしながら「いいぞ～、頑張れ～」と子どもたちを励ましていました。すると、父母の方たちが私のところへ来て、申し訳なさそうに言ってきました。「池上コーチ、相手はなにか、作戦というかポジションとかがあるみたいですよ」。要するに子どもたちに何か指示を出してほしいみたいなのです。「池上コーチはどうして言わないんですか？」と言うので、「じゃあ、お母さん、やりましょうか？　いくらでもやりますよ」と答えました。

そこでハーフタイムに「ポジションを決めるよ」と話をしました。すると、今まで団子状態であったことでそれなりに守っていたのが、ポジションについたことで選手間の距離が広がってしまいました。より失点をしてしまう状況になったのです。そのうえ、攻められ続けているため、フォワードの選手はボールに一度も触れない。ただ、黙って立っているだけです。

その子を見ながら、お母さんたちに「あの子、なんかつまんないみたいですよね。サッカーやっていないですよ?」と言いました。すると、「そうですね……」と首をかしげます。見ていると、ゴールキーパーはむちゃくちゃ忙しいわけです。しかも失点するたびに他の子から文句を言われている。「ゴールキーパーもかわいそうですよね」と言いました。

その後、「じゃあ、もう一度、元に戻してみますね」と告げてから、ピッチにいる子どもたちに「よし、ポジションはなしにするよ。全員でボールを追いかけろ!」と声をかけました。そして、お母さんたちにこう言いました。

「どうですか? 子どもたちの顔、どうですか? すごくうれしそうでしょう? みんな、必死ですよね? さっきはぼーっと立って面白くなさそうな顔をしてた子が、嬉々《きき》としてボールを追いかけてるでしょ? どっちがいいですか」

親は納得していました。「なるほどねえ」と。

私は小学生の試合では「ポジションは自分たちで決めなさい」と言います。併せて、「いつも同じポジションはやめようね」とも話します。子どもたちの話し合いは、お母さんやお父さんにも聞いてもらいます。私も聞いています。そんななかで、子どもたちは輪になって「おまえはあそこがいいよ」「ぼくは今日はここをやりたい」などと真剣に、でもとっても楽しそうに話し合います。まずはキーパーから決めようということになりますが、「キーパーは後半、必ず変わってくださいね」というリクエストは出します。

講演やクリニックに行くといつもこのやり方を勧めますが、コーチや親はなかなか転換できないようです。特にコーチは自分が思うベストメンバーで試合をさせたい。みなさんも恐らく同じだと思いますが、「勝たせたい」と思う気持ちから逃れられないからです。

「じゃあ、子どもたちの勝ちたいという気持ちはどうなるのですか?」というお母さんもいらっしゃいました。この方はチームのエース選手の親御さんです。他の選手が「この大会はトーナメントだし、勝たないといけない試合だから自分は（出なくても）

いいです。出られなくてもいいから、ぼくよりもうまい○○君を出して」と言うそうです。それぞれの力関係は一緒にやっている子どもが十分にわかっています。子どもの気持ちはよくわかります。

だからこそ、大人が修正してあげなくてはいけないと私は思います。小学生だからこそ、力の差があってもみんなが出られる。出ていいんだ。それを大人が教えてあげるべきだと思います。子ども一人ひとりを守る必要があると思います。よーく考えてみてください。少年サッカーに「勝たないといけない試合」なんてあるのでしょうか。

みんなで大会に行って1日に2試合も3試合もする。フル出場する子はヘトヘトになります。なかなか走れないでいると「どうしてサボってるんだ！」とコーチに怒鳴られる。一方で、その2試合、3試合の間ずっとベンチに座っている子がいます。もっといえば、少年サッカーのベンチは小さいので、寒い冬でも地面に座らせられている子がたくさんいます。

コーチが勝つことしか考えず「みんなで戦おう」という気持ちを育てていないので、低学年の子は地面にお絵かきをしたりします。コーチの責任なのに「何やってんだ！」

「観るのも勉強だぞ」と頭を小突かれたりします。本当にかわいそうです。何試合もベンチにいるのが苦痛なので「出たい〜。コーチ、出して〜」と言いますね。すると、「うまくなってからね」と言われたりする。では、そのコーチはその子にどうしたら試合に出られるかという具体的な目標を示して、なおかつその子の練習につきあってあげているでしょうか。

多少の時間の差はあってもいいです。とにかく、試合には全員参加できるチャンス（権利）を与えてほしいと私は思います。試合に出られない悔しさを味わい、自分で奮起して乗り越えて行く強さを身につけるのは、中学生年代からで十分間に合います。というより、精神的な熟成度からしても、そのことに立ち向かうのは中学生年代からでよいのです。

小学生の間は、なるべくみんなが同じ時間だけ出られるように交替してやればいいと思います。例えば公式戦などで、サブ的なメンバーの子が「僕は出なくていいから、○○君を出して」と言ったとしても、そこを冷静に修正してあげるのが大人の役目だと思います。「君もチームの一員なんだよ」と言ってあげる勇気を持ってほしい。最初からそのチームが全員出場・全員参加の方針でやっていれば、子どもは「うちのコーチはそういう考えなんだ」と納得します。

なのに、指導する側が「勝ちたい」とか「結果を出さないと……」と思うあまりに、全員が同じように出られないことになってしまう。必要以上に厳しくしてしまう。中でもお父さんコーチはついつい私情が出ます。「うちの子を出して負けたら困るから、息子は後半に5分だけ出せばいいや」となったり、逆に末はプロに！　なんて息子に期待している親は「おまえが今頑張らなくてどうする！」と声を張り上げたりします。

当然のことですが、少年サッカーはプロじゃありません。例えば、勝敗を気にして遠慮してしまう子に対して、私は「サッカー、好きで来たんでしょ？」「試合に出られないんじゃおかしいでしょ？」と言います。そうやって平等に試合に出て「○○君が出たから負けた」という声が出たらコーチの責任です。そこは修正してあげないといけません。

加えて、私はよく子どもたちに「ふだんみんなで同じ時間練習しているのに、試合に出る時間が違うっていうのはおかしいでしょ？」という話をします。「試合もみんな同じだけ出ようよ」と説明します。子どもは案外納得しますよ。大人のほうが逆になかなか納得できないかもしれません。

全員出場・全員参加でもよい結果は出ます

特に、クラブ全体が勝利至上主義の場合、ひとりのコーチが「全員平等参加」を打ち出すのはなかなか難しいでしょう。地域によっては少子化とともに、入団選手、もっと言えば能力の高い子どもの奪い合いになっているところもあるようです。「強くしないとクラブがつぶれてしまう」と存続の危機を訴える方もいます。

私は日本のサッカーを支える少年チームの課題はそこだと思います。「チームを強くしないとダメ」と思い込んでいる部分です。これは、中学校、高校、Jリーグクラブのジュニアユースやユースチームにも通じる問題だと考えています。

日本サッカーの選手の育成を一本の大木だと考えましょう。子どもが成長とともに所属するチームがすべてその都度《つど》結果を残すことだけを考えていると、木の根っこは太い幹にはつながりません。全国大会に優勝したチームから必ず日本代表が出ているでしょうか？　一流選手が輩出されているでしょうか？　本来なら大木の栄養になるべき子どもたちが、根っこのところで枯れたり傷んだりしているような気がしてなりません。

私はクラブや少年団を訪ねると、「あなたがたの目標は何ですか？」とコーチの方に尋ねます。みなさん口をそろえて「Jリーグプレーヤーをひとりでもいいから輩出したい」と言います。

本当にそうなのであれば、目先の勝利より子どもが本当に楽しめているかを優先してください。子どもが楽しめるよい練習、質の高い練習、100％の力と100％の前向きな気持ちでプレーできる試合をさせてあげてください、自分で考えてサッカーをやれる子どもたちをたくさん育ててください。そうすれば、おのずと結果はついてきます。そして、その中から、必ず将来プロの世界へ飛び立っていく子どもが出てきます。

土台作りをするのは少年サッカーにかかわっているコーチやお父さん、お母さんです。金曜日の夜遅くに長時間電車に揺られて勤めから戻り、ゆっくり寝ていたい土曜の朝に、なんとか布団から抜け出して校庭へ向かう。子どもよりも先に出かけて試合のピッチ作りをする。そんなことを毎週繰り返しているみなさんなのです。ボランティアという立場で子どもたちに指導をしているお父さんコーチの方々が、日本の少年サッカーを支えていると私は思っています。お父さんコーチにライセンスをとってくださいという気持ちはないのですが、少しでも勉強することでよい指導者になれるということを知っていただきたいのです。

そして、その勉強のお手伝いをサッカー協会やJリーグがやるべきだと考えています。時間がない忙しい中で頑張っているお父さんコーチのために講習会を開く工夫をしてあげられたらと思います。例えば大会の時に合わせて講座のようなものを設ける、チームに出向いて講習会を開く。そうすればどれだけの方が救われるか、ひいてはどれほど多くの子どもたちが楽しいサッカーをすることができることかと、私は思うのです。

だからこそ、私は若いころから全員出場のやり方でやってきました。ＹＭＣＡのひとつのチームに15年ほどいましたが、13年目に入ったころ初めてその地域のサッカー協会に声をかけられました。「池上さん、どんな指導をしているのかちょっとみんなに話してください」と。協会の方に「ＹＭＣＡの子どもたちはすごく楽しそうにやっている。しかも、強くなって結果も出ている。どんな指導をしているのかみんなに教えてほしい」と言われました。

その当時、５〜６年生ぐらいのチームで少しずつ結果が出てきていました。市内で準優勝したり、チームから地域トレセンに選ばれる子が出たり、ＹＭＣＡの全国大会で優勝するようになっていたのです。決して結果を求めたわけではないのですが、長い間の積み重ねの結集としてこのようなことになったのです。そこで私は、地域の少年団やクラブのコーチや親、サッカー関係者の方に話をしました。

「子どもが自分から進んでやるっていうことが本当に大事です。サッカーが大好きだから、一生懸命サッカーをする。大好きだと興味がわく。どうしたらぼくはうまくなるのかな、どうしたら試合でうまくいくのかな。いろんなことを自分たちで気づいて、考えながらやってほしいと思います。そういった時間の中で、間違いなく子どもはうまくなりますよ」

「ちゃんと
話を聞きなさい！」
いつも世話を焼いて
いませんか？

魔法4

気づかせる

転ばぬ先の杖を用意しない。
できない経験をさせると、
話を聞ける子に育ちます。

子どもが話を聞かなくて済むようにしてませんか？

ひとつ、笑い話をしましょう。ＹＭＣＡ時代にスイミングクラブで幼児コースを担当していたころです。

私はいつもプールの端っこで待っていて、子どもたちに「はい、次スタートしていいよ！　行ってね〜」と言ってから、ずっと見ているだけです。サッカーも同じなのですが、声をかけてあとは見ているだけ。すると、プールの向こうで小さな子たちがちょっとした小競り合いを始めます。誰が先に水に入るかケンカになるんですね。「ぼくが先やで！」「私が先やって、言うてるやろっ！」ヒソヒソ小声で主張し合います。気の強い子はどんどん先へ行く。何回も泳ぎます。弱い子はなかなか行けない。列の横にはみ出してずっと見てるわけです。それでも、弱い子はどうするかなって思いながら、私は見ています。

時間が終わってプールから上がりますね。引率の父母が待つギャラリーに子どもたちを連れていくと、お母さんたちがこう言ってくるんです。

「コーチ！　うちの子、泳ぐ回数が2回少なかったです」

「えっ？　まさか、数えてたんですか？　すごいですね」

「すごいですねって……。あのですね、うちの子、他の子より2回少ないんですよ！」

私は平気な顔をしてこう答えます。

「ええ、知ってましたよ。私としては、いつ、自分から『抜かすな！　おれの番やで！』って言ってくれるかなあって思いながら見てたんですよ」

そう説明しても、言うことは変わりません。

「でも、うちの子、2回少ないんです！」

それを繰り返すのです。

私が何を言いたいかというと、スポーツで何を学べるか、経験できるかということをよく考えてほしいと思うのです。『魔法3』で、「サッカーは人生の縮図だ。人生のいろいろなことを学べる」というオシム監督の言葉を紹介しましたね。子どもが成長していくにはまず「自分で気づくこと」がすごく大切だと思うのです。常に周りに自分がやりやすいようにお膳立てしてもらったり、指示されてから動くのではなく、自分で気づいて考えて行動を起こせるようになってほしい。

それには大人がお膳立てをしてはいけません。子育てを語るとき、よく「見守る」という言葉が出てきます。でも、お母さん、お父さんも、指導する側の大人もついつい世話を焼きます。お膳立てをしてしまいがちです。子どもに良かれと思っているのかもしれませんが、実はその状況を我慢できないのです。子どもがまごまごして泳ぐのが2回少ないことを、見ている大人自身が我慢できない。自分がなかなか泳げないこと、自分で主張しなくてはいけないことに、子どもが自分で気づき勇気を出して動いてほしいと私は思います。それを手助けしてあげるのが、本来の大人の役目だと思います。

あとで子どもに、「どうだった？　どうしたらいいかな？」という問いかけをしてあげてください。励ましてくれるお母さんの目の前で、子どもはいつか必ず自分から水に飛び込む日が来ます。

小学生の普段の生活でも、まったく同じことが起こっているのではないでしょうか。

「池上さん、うちの子、サッカーの練習のときにコーチの話をまったく聞いてないみたいなんです。普段も話聞いてません。どうしたらいいんでしょう?」

ひとりのお母さんからそんな質問を受けたことがあります。そこにいたほとんどのお母さんたちが「そうそう、うちもそう」とでも言いたげに、一斉にうなずいていました。

私は答えました。

「それは子どもが話を聞けないのではなくて、話を聞かなくても済む状況を大人が作り出してしまっているからです」

すると、お母さんたちは「ええっ! 私たちのせい?」と自分の顔を指差しながら、これも一斉に顔を見合わせていました。生活全体で、子どもが話を聞かなくてもよい仕組みになっていることをまず、大人が反省してください。

例えば、子どもに何かを伝えます。子どもの反応が鈍い時があります。そうすると、「ねえ、聞いているの? ちゃんとやりなさい!」と耳を引っ張ったりします。引っ張られたからといって聴覚の機能がアップするわけではありません。でも、お母さんはいうことを聞かせようと必死になります。そして、もう一回見たら言われたことをやってない。「だからっ、もう。ハーッ（ここで大きなため息）。いい？　こうしてって言ったでしょ？」

気持ちはよくわかります。私も多くの子どもを見てきましたし、今もたくさんの小学校を巡回しています。子どもの中には、天才的に〝ぼーっとした〟子がいますね。何度でも、私は1回目に私の指示を聞くのを逃したら、わざと口にフタをします。何度でも失敗させることです。話を聞かないと自分が損をするということを身をもってわからせてください。すると、間違いなく次は聞き逃すまいと一生懸命になります。

話を聞かなかったために「損をする」体験を

恥ずかしながら、わが家でも以前は同じようなことが繰り広げられていました。子どもが「遊びに行って来るよ」と言って着替え始めます。子どもが着替えていると「そのスカートでいいの？」とどこからか声がして、違うスカートを出してくる。それをはいて上着をきていると「そのスカートにその上着は似合わないわね」とまた天からの声が。また違うのを着ると「色がおかしいね～」またまた声がしてまた違うのを出してきて、ようやく外出態勢が整います。

「じゃあ、行ってくるね」と子どもが手を振ると、後ろから最後に追い討ちをかけるように「ちゃんと靴はきなさい！」という声がするわけです。私はこのやりとりを聞きながら、ひとり矛盾を感じないではいられません。原始時代じゃないのだから、靴をはかないで出て行く子はいないでしょう。

このように世話を焼かれて育つため、どんなことでも大人に確認しないと動けない子がいま増えているような気がします。

「池上コーチ、トイレ行ってもいいですか？」

子どもが私に了解をとりにきます。「行ってもいいですかっていうのは、コーチに決めてほしいってことでしょ。じゃあ、行っちゃダメ」と答えます。子どもは「えーっ、もれちゃうよ」と言いながら「だから、行ってもいいですか？」とまたコーチに決定を委ねる。そうすると、周りの子たちがだんだん「トイレに行く！　って言えば、いいじゃないか」と言い出します。単純なことなのですが、そんなことさえ確認しないといけないような社会になっています。

だからこそ、子どもは話を聞いていないために「損をする体験」をどんどんしたほうがいいと思っています。私が小学校を巡回する「おとどけ隊」では、そんな体験をさせます。時間を区切ってやって、できなかったら終わり。「今日は残念でした。もう終わりの時間です」と終わらせます。「え～！　ぼく、やってないよ」と子どもたちは口をとがらせますが、「あ～、そういえばやってないね。でも、もう終わり！」。

「やらせてよ～」と追いかけてきたときに、私は初めて子どもたちに話をします。

「どうしてできなかったのか、自分で考えてみよう」

例えば、試合があまりできなかったチームの子に問いかけると「次、やるよっていわれたのに、ちゃんと聞いてなくてビブスを着るのが遅かった」などと言います。

「それは誰のせいですか？」

「うーんとね。私がもっと早く脱いで次の人に渡せばよかった」「ぼくがふざけて遊んだりしないで、話を聞いていればよかった」

「そうですね。全部自分たちのせいですね。コーチが悪いわけじゃないよ。君たちがちゃんとやれば、もっとたくさん試合ができたね。しなかったのがいけなかった。次、ちゃんとやりましょう。話を聞きましょう」

とにかく、どんなかたちでもいいから、どんなプロセスでもいいから、学校で決まったことを子どもにやらせないといけない。そんな雰囲気が学校教育の中にありますね。小学校の先生が「宿題はちゃんとやらせていますか?」と保護者に尋ねています。宿題も勉強も「やらせなきゃいけない」と思い込んでいる。「自分からすすんでやるのが一番です」とわかっているのに、「自分からできない子は親がやらせてください」と言います。まずは、すすんでやるように導くことが必要じゃないかと私は思うのですが。

例えば、先ほどお話しした試合ができなかった子どもが、家に帰ってそのことを報告することがあります。すると、保護者の方が電話をかけてきます。「うちの子が試合に出られなかったそうなんですけど、どういうことですか?」

私は「はい。試合はできなかったのですが、できなかったのはみんながのんびりしていたからです」と説明します。それでも、「うちの子だけができなかったみたいですけど」と言うんです。「次、できたら、いいんじゃないんですか?」と話しますが、その方は釈然としないようです。

平等という意味をはき違えてないでしょうか。人の話をきちんと聞いていなかったがために「できなかった体験」も、しておかないといけないと思います。そして、やることが楽しくなれば、間違いなく子どもたちはこちらの話を聞いてくれます。「次、なにするのかな?」という興味がわくと、必ず耳をかたむけるはずです。「いまどきの子は話が聞けない」と小言をいう前に考えてみてください。楽しめる練習をしているか。損をする体験を積ませて、子どもに気づかせているか。そういったことをいま一度見直してほしいと思います。

子どもには気づく力、考える力があります

2006年、JリーグアカデミーのU-12フェスティバルでのことです。小学3年生から6年生まで総勢120人くらいでしょうか。2泊3日でサッカーだけでなく自然体験活動も行いました。参加者はJリーグ下部組織の子どもたちです。

最初に、120人を体育館に集めてフェスティバルの説明をしなくてはなりません。

それで、子どもたちを集めるために私が何をしたかというと……。

「パン、パン、パン」と手を叩きました。「ここだよ。ここに集まるんだよ」というように。当然会場はざわついています。でも、「パン、パン、パン」を繰り返した。すると、6年生の子たちが私と同じように手を叩き始めました。「パン、パン、パン」同じ所属クラブの子どもたちが上級生がやっているのを真似して、手を叩くのです。「パン、パン、パン」の輪はどんどん広がっていきました。

同時に、小学生が各チームごとに並び出したのです。1チーム、すごい大所帯のところがありまして、ずらーっと長く並んでいました。私は言いました。

「池上コーチはあんまり大きな声を出したくないんです。なので、協力してください。どうしたらいいですか?」「今から1分あげますから考えてください」

待っていたら、30秒ぐらいして大所帯のチームの列からひとりだけ抜けて動き出した。その子に引っ張られるように何人かがずるずると動きます。まだ、もっと小さくなりそうだったので「もうちょっと協力してくれるとありがたいんだけどなあ」と言いました。すると、子どもたちのかたまりはチームごとの列をくずしながらどんどん小さくなっていきます。およそ5分ほどで、120人はやがてひとつのコンパクトなかたまりになりました。

初日が終わってから、主催者側のJリーグの方にはこう言われました。

「池上さんがどんなふうに始めるのかすごく興味があった。こら集まれ！ って言い出すのかなあとか。でも、パン、パン、パンで集めちゃった。開会式みたいなあらたまったこともしなかったし。すごくよかった」

そして、その日の最後のメインディッシュは部屋割りです。子どもたちに自分たちで決めてもらいました。5チームが全部混ざる、3年から6年まですべての学年が混ざる。部屋割りの条件はこの2点でした。子どもたちはワイワイ言いながらやってました。「ここ、同じチームで重なり過ぎてるから、替わった方がいいぞ」という真面目な子もいました。学年の人数はけっこうバラバラ。高学年が多かったり、低学年が少なかったりとうまくはならないのですが、何となくみんなが混ざってくれて非常に面白かった。そんなふうに細かい取り決めも大人が口出しせず、子どもにやらせるといいと思います。

子どもには力があるのです。気づく力、考える力、人に伝える力は、どんな子にも備わっている。大人は失敗や経験をたくさんさせて、力を引き出してほしいと思うのです。

ここでひとつ、気づく力を養う練習をご紹介しましょう。私はプロがやっている練習を子どもにやらせたりします。難しすぎてできそうにないことでもやらせてみます。例えば、4人1組でボールを2個使い、ふたつのボールを同時にまわしたりします。ジェフの選手もやる練習です。それを同じように小学3年生にさせたりします。すると、Jリーグのトップ選手が困っている現象が子どもたちにも同じように起きてきます。

ひとつのボールしか見ていないので、もうひとつのボールが来たことに気づかない。なので、あわててプレーをしてミスしてしまう。トップの選手もこれと同じミスをしていました。次にトップ選手が何をするかというと、両方のボールを見ようと顔を左右に振るわけです。両方のボールを見るために。子どもたちもこれと同じことをはじめます。両方のボールを見ないといけないことに気づいて、自分で首を振ったりするわけです。そして、最終的に首を大きく振らなくても、能力の高い子はいつもふたつのボールが見えるようになります。

最初はバスケットボールのように手を使わせます。手でパスをする。中にひとりディフェンスが入るのですが、そのディフェンスに気をつけながらひとつのボールだけ見ていると、もうひとつが頭に当たったりするわけです。「ひえ〜」とか「ぎゃあ〜」なんて、悲鳴を上げながら楽しくやっています。笑いがいっぱい起こります。そういう雰囲気で、そのことは終わってしまう。それを徹底してできるまでやらせるのではなくて、楽しくやるのです。そのなかで、子どもたちが（どうやったらふたつ同時に見られるのかな）と自分で気づいていくことが大切なのです。

「よく周りを見ろ！」コーチたちが子どもに対して最も多く放つ言葉です。ところが、よく見るとは何をどうよく見るのか、周りを見るの「周り」って何なのかということを指導できるコーチは残念なことにほとんどいません。

子どもがきちんと話さなくても済むようにしてませんか？

「聞く」ということを書いたので、「話す」ことについてもふれようと思います。日本サッカー協会はいま、子どもに自分の思いや考えをきちんと話すことのできるコミュニケーション術を身につけさせることを、ひとつの課題にしています。

日本の子どもたちは日本語をうまくしゃべれません。自分の中にあるものをきちんと組み立てて相手に伝えることができない。なので、そういう子どもたちを変えていこうというプロジェクトがあります。

大きな課題は、ひと言でいえば「言葉足らず」なことです。

ある練習メニューの中に、立っているコーチの股の間にボールを通す場面があります。子どもはたいてい最初「池上コーチ、開いて」と言うので、手を広げてみます。すると「ずるい！」と言います。「手じゃないよ。脚だよ」そこで、つま先だけ開いてみせます。「違うよ！　もっとだよ」というので、脚の間を10センチほど開いて立ちます。その次に大体でてくるのは「股を開いて」です。そうすると、ひざの部分だけを開いてガニ股のように立ちます。

6年生ぐらいでやっても、低学年と同じくらいのレベルです。「脚を開いて」としか言わない。ガニ股にしてみせても、「違うよ。ちゃんと開いて」としか言えません。「だから、ちゃんと開いてるじゃない」と言い返すのですが、こういう会話を6年生とするのです。「日本語ってどうしゃべるのか難しいよね」ということを理解してもらいます。「肩幅と同じくらいに脚をまっすぐ開いて立ってください」という模範的な言葉にたどり着くまでに最初は時間がかかりますが、日常からそういうやりとりをしていると子どもたちはうまくしゃべれるようになります。

ところが、たいていの大人は子どもがきちんとしゃべらなくて済む状況を作り出しています。要するに、子どもが言わんとすることを察しよく先回りしてやってあげています。「開いて」のひと言でことが運ぶようにしてしまっている。あるいは、きちんと話さなくても子どもの意思を先取りして代弁しています。「君が言いたいことはこういうことだよね」と。代弁するのと、話したことを整理してあげる作業はまったく違うものです。

大人は会話していると思っていますが、実は言葉のキャッチボールになっておらず、一方的なことのほうが多いようです。なので、子どもはますますきちんと話さなくてもよくなる。訓練をする場が失われてしまう。でも、実は大人も同じことをやっています。言い古されたことですが、お父さんは仕事から帰宅すると、家族のだんらんの場でも「風呂、めし、布団」で行動していませんか。

お母さんも応酬してください。

「風呂？　風呂はうちにありますよ。めし？　飯をどうしたいんですか？　布団は押入れの中ですけど？」

大人自身がまず、言葉足らずな日常会話を見直してください。そのうえで、じっくり子どもの言葉を待ってあげてください。そうすれば、コミュニケーションに長《た》けた、表現力豊かな子どもが育ちます。そして、そうやって身につけたコミュニケーション能力が、互いの意思を見極めながらプレーするサッカーでは非常に役立つのです。

「右へパス！」
「そこでシュートだ！」
試合の間中、子どもを
煽《あお》っていませんか？

魔法5

考えさせる

自らの力で判断できる子が
「あと伸び」します。

自由な発想を生む、ブラジルの「手つなぎサッカー」

ブラジルで「手つなぎサッカー」を見ました。子どもたちがふたりで手をつないでドリブルしたり、ゲームをする。私はそんな風景を目にしました。

一昨年、Jリーグの海外研修でブラジルに飛びました。あるクラブの下部組織の少年チームの練習を見学に行ったのですが、子どもがふたり組でペアになって手をつなぎながらドリブルをしているのです。そのうち、ミニゲームが始まりましたが、それも手をつないだふたりが数組で1チームになって対戦していました。

ブラジルの子たちは、ふたりがひとりの人間のように動いていました。ボールコントロールも実に見事です。ふたりでうまく協力し合うと、ひとりでやるよりもボールを取られない。キープできるのです。例えば、右隣にいる子が右足でボールを持っていて、そこに相手が取りに行きますよね。すると、サッとパートナーの左足にパスをします。並んでいる4本の脚の端から端にボールが渡るわけなので、サッカーでいうボールキープできる「懐《ふところ》」が深いわけです。そうするとボールを取られません。

そういう協力関係がわかってくると、「仲間で協力しあえばボールを取られない」というイメージがすごく湧いてくるのだと思います。すごく新鮮でしたし、いい練習だなと思いました。

しかも、子どもたちは手をつないでるのにもかかわらず、全員フェイントをします。手をつないでいるパートナーと息が合わなくてつないでいる手が離れるのではないかと思いましたが、まったくそういうことがない。例えば、ふたりの真ん中にあるボールを、それぞれが内側の足でまたいで、クルリとターンして180度後ろの方向へ行ったり。そういう一見曲芸みたいなことを平気でやります。面白いのは、ボールをまたいでターンするときに、つないでいる手を一瞬離して逆の手に持ち替えてしまいます。

そのような手つなぎサッカーを、ブラジルでは小学1年生くらいから全学年のカテゴリーでやっていました。長い時間をかけてひとつの強化プログラムが続けられているのです。

私は帰国してからすぐさまその手つなぎサッカーを「おとどけ隊」のプログラムに

取り入れました。1年生でも手をつないだままふたりでドリブルさせています。6年生はふたりペアで手をつないで試合をさせます。ところが、ブラジルの子どもたちの様子と、日本の子どもがやってみた時の感じはまったく違いました。

日本の子がやると、ふたりが協力しているようには見えないのです。もちろん、このようなやり方に慣れていないせいもありますが、まずお互い息を合わせようとする意識が足りません。自分で勝手に動いて、パートナーを引っ張ってしまうのです。なので、つないだ手がしょっちゅうほどけてしまう。ブラジルの子たちの手は常に堅くつながれていたのに。

そこで私が感じたのは、どうも日本人には、ボールを持ったら個人で勝手に抜いたりパスしたりする感覚があるのではないかということです。一方、ブラジルの子どもたちは、手が離れて普通のサッカーをする時でも、いつも周りの子を感じつつサッカーをやっているのではないかと思うのです。周りの選手のイマジネーションを感じながらサッカーをしている。そのことは、おそらく小さいころからこのような手つなぎサッカーを継続して行うことから生み出されている感覚なのかなと思いました。「仲間を感じる」ためのトレーニングです。

特に面白かったのは、ふたりしてボールをまたいでから、180度後ろの方向へクルリとターンするときです。ブラジルの子はつないでいる手を一瞬離して逆の手に持ち替えますが、日本の子どもたちはそれができない。

「ふたりで手をつないで」と言われているからでしょうか。もしくは、「一瞬たりとも離してはいけない」そんな固定観念があるのかもしれません。私は子どもたちに「一瞬なら離してもいいよ」とは、あえて告げてはいません。そういうことを自分で考えて、ピンとくる。そんな自由な発想が子どものなかに根付くことを期待しているのですが、どうも難しいようです。

子どもに考える機会を与えていますか？

日本の子どもたちには物事を自分で考える習慣がしっかり確立されていないような気がします。それは小さい頃からの教育のあり方に問題があるのではないでしょうか。

私はYMCA時代、幼児の体育教室もやっていました。ある幼稚園に行ったときのことです。２列に子どもたちが並んでいて、先生が笛を吹くと子どもたちが４列になります。先生が、「はい、じゃ、４列。ピーッ」と吹くと４列になるわけです。私たちにそれを見せた先生は、「うちの子どもたち、すごいでしょ」と自慢げでした。

なので、私は「じゃあ、私がやってみてもよろしいですか?」と申し出て、子どもたちに「じゃあ、はいっ、みんな、３列になろうね。ピーッ」と笛を吹きました。そこで何が起こったかというと、全員凍りついたように立ったまま、先生の顔を見たのです。子どもたちはどうしていいかわからない。２列と４列はできるのですが、３列はできないのです。これは、子どもにものの成り立ちを考えさせるのではなくて、訓練でしかないわけです。

このように、子どもが困ったときに大人の顔を見るという状況が、日本では非常に多いような気がしてなりません。

特に、スポーツというものは、練習したような場面がいつも実戦で出てくるわけではありません。その都度《つど》、その都度、本当に微妙なのですが、違う状況がいっぱい出てきます。すると、言われた通りの練習をやってきただけの子どもたちはそういう状況に対応できません。そこで、自分たちが思ったようにできない時、子どもたちが試合でどうするかというと、間違いなくコーチの顔を見ます。

「コーチ、どうしたらいいの?」と。

サッカーの試合中、子どもがしょっちゅうベンチを見ているチームが目につきます。そのチームからは決していいプレーヤーは生まれないと思うのです。型通りのことをやることしか教えられていない選手は、実戦で通用しません。

「右へパス!」「そこでシュートだ!」

そんなふうに、試合の間中子どもを煽《あお》ってばかりいるコーチは少なくありません。自分のイメージ通りのプレーをさせることに、ついつい一生懸命になってしまうようです。そして、子ども自身のイメージでプレーする子に対しては「自分勝手なプレーをするな!」と叱っています。そういう子に「おまえは使わない!」と断言してしまい、子どもたちの自由度を狭めてしまうことも多々あるようです。

中には、子どもに指示は出すけれども、言う通りにするか、しないかは子どもの判断に任せている方もいます。「コーチの言うことを聞いてその通りにやる子よりも、コーチに反抗して全然言うことをきかない選手を育てたい」という方もいます。そういうコーチは自分の経験でわかっているわけです。自分たちの言うことを聞く子よりも、言うことをきかない子のほうがあとで伸びていくということを。

なので、指導者には試合でも練習でも、子どもが自分で考えるという場面を常に引き出すよう心がけてもらいたい。練習でもいつも子どもを煽っているだけで、子どもに考えさせる機会や時間を与えていないコーチが多すぎます。「言われた通りにできる子」ではなく、「自分で考えられる子」に育ててほしいと思うのです。

これは子育ても同じだと思います。ピンチになったり、逆境に立たされたときに、親の顔を見て何か答えを出してくれたり、打開策を言ってもらうのを待つ。親に頼ろうとする子どもは少なくありません。これは、家庭、学校、地域で、日本の教育が子どもに自分で考えさせることに重点を置いていないせいだと感じています。

日本の小学校を訪ねると、額縁に入れられた子どもたちの「めあて」のような言葉が教室に掲げられています。そこには、「やさしい子ども」や「健康な子ども」といった言葉と一緒に、「自分で考えられる子ども」という〝めあて〟が記されています。

ところが、教師のみなさんを見ていると、子どもがいろんなことを言い始める雰囲気になっている時にそれを制止してしまう場面が少なくありません。例えば、全然違うことを言い出す子がいると「ちょっと待って！」と途中で止めてしまったり、「関係ないことを言うな！」と子どもの口をふさいでしまう。授業を進めようとするあまり、余裕をなくしてしまうようです。でも、これでは、子どもは自分の意見を言いづらくなり、やがて考えることさえもやめてしまいます。

反対に、能力のある先生はそのあたりが上手で、うまく子どもたちに考えさせてくれます。

「みんな、いいことをいろいろ言ってくれるね。でもこの問題のことは今どっかいっちゃってるぞ。さて、どうする？」

そんな進め方で、自由にものが言える雰囲気をつくってもらえると、子どもはその〝問題〟を考えつつも、全然違うことも発想したりできるようになってくる。

以前も、小学校で行った「おとどけ隊」で似たような出来事がありました。活動の最後に、「質問道場」といって子どもが私たちに何でも質問してよいコーナーを設けています。そこで、「池上さんたちは給料はいくらもらっていますか？」と質問した子がいました。すると「そんな質問はしないように」と先生に叱られました。私が「何でもご質問、どうぞ」と言ったので、その子は興味があった私たちの給料を尋ねたのに。どうして叱られたのかもわかりませんよね。別に私たちはユーモアを交えてうまく答えられるのに。

そのときはこちらでうまくフォローしましたが、私はその子が誰かに質問をする場面があっても、その後二度と興味を持たないのではないかと心配になりました。

親子で「どちらが賢いか」という対決を

家庭では、どうでしょうか。お母さん、お父さんは授業を進める必要はないし、子どもはわが子だけですからじっくり話を聞いてあげてほしい。でも、『魔法４・気づかせる』でお伝えしたように、何から何まで世話を焼いてしまい、実は子どもに考える余裕を与えていないのではないでしょうか？

保護者向けの講演会などで、私はよくこんなことを話します。

「親子、どちらが賢いかという対決を暮らしの中でやっていくといいですよ。それが子育てになりますよ」

例えば、子どもがすね当てとかサッカーバッグとかのサッカー道具を、いつも家の中のあちらこちらに置いているとします。そのときお母さんは「決まった場所に置きなさい！」と叱るのではなく、子どもが知らない間にどこかに隠してしまうのです。するど、「お母さん、すね当てがないよ！」とくる。「さあ、知らないよ」と言うと、子どもは探しますすよね。「あ、こんなところにあった」と見つけて出て行く。また次の練習日も隠す。「お母さん、また隠したの？」と疑いつつ探す。お母さんだったらここに隠すだろうなとか考えながら探します。そこである日は隠さないで置いておく。それでも子どもは、自分で置いたところを忘れているので「またきっと隠してるだろう」と思って探す。親はそれを見て、陰で笑っていたりします。最終的に子どもはこう言います。

「お母さん、ぼくのすね当ては玄関のここに置いておくから、さわらないでね」

どっちが賢いかというと、そこで初めて子どもの考えが親を越えていくわけです。親がそんなふうに自分の子どもを試すようなことをしていると、子どもは考え出します。

いまどきの子どもだけでなく、若者も指示待ち世代だとよく言われます。就職しても、アルバイトに行っても、何か言われるまで何もせずぼーっと立っている。ですが、その子たちを育てたのは間違いなく私たち大人なのです。

昔の子どもには、子どもだけのコミュニティーがありました。「遊んでくるね」って出て行ったら、空き地や校庭で集まって「今日は何する?」とまず遊びの選択の話し合いから始まる。「おれ、○○がしたい」「これやろうぜ」「じゃあふたつに分かれてやろう」とかね。子どもたちの考えが遊びの中で表現できていたのです。それが今はありません。遊びは最初からテレビゲームと決まっていたりします。

オシム監督が残念がった日本人の従順さ

本書の最初のほうでもお伝えしましたが、「こうしなさい」と子どもに指示するのが皆さん大人の役目だと勘違いしていませんか? お父さん、お母さん、指導者も同じですが、あらゆる場面で大人が答えを出しすぎると思います。

例えば、コーチであれば、指示した通りにプレーしないと叱ったり、やり直しをさせたり。そういうことが多すぎます。「考える」ことの延長線上に、サッカーでは大変重要な「プレーを選択する」「判断する」という思考が存在します。ですから、大人がすべてを決めたりせずに、プレーを自由に選ばせる場面を作らなくてはいけません。そうしなければ、ピンチやチャンスを感じ取れる子どもが育ちません。

子どもが右へパスしたら、「そこは左やろ?」。

左へドリブル突破したら、「そういう状況のときは左よりも右やで」。

私も以前、そんなふうに子どもの選択をいとも簡単に否定していました。その時々で彼らにはそれを選択した理由があったかもしれない。その部分を聞きもせずに、自分の考えだけで否定していました。ピッチの中にいる選手より、外にいる自分のほうが全体が見えている。だから自分のほうが正しい。そう思いがちです。

ですが、コーチの指示が正しいかどうかではなく、結果オーライでいい。もっと言えば、結果は失敗に終わってもいいのです。子どもが自分で選択して失敗する。自分で選び取って成功する。そこから自分で学びとることが一番大切なのです。

私は2002年、現在所属するジェフ千葉（当時はジェフ市原）へコーチとして加入しました。私が入って2年目。ちょうどオシムさんがジェフの監督として就任されたのです。私は最初のシーズンの丸々1年間、オシム監督の練習をほとんど毎日見てきました。お話を聞く機会もたくさんありました。

ある時、オシム監督は言いました。

「ヨーロッパの選手は、コーチが右だ！　と言ったら、知らん顔して左へ行くよ」

周りになんと言われようが「おれの判断では左だ」と主張するのがヨーロッパの選手だといいます。

「日本人は右へ行けと言われたら、みんな右へ行くね」

日本人の従順さは、監督にとって不可解であるとともに残念そうでした。

海外で子育てをした日本人の方によると「欧米の親は、子どもがみんなと違うことやりたいと言われると安心する。でも、日本の親は、みんなと違うことやりたいと言われると不安になる。みんなと同じように動いていると安心する」そうです。よく言えば、従順で調和を好む。悪く言えば、他人任せで主張しない。そんな日本人のメンタリティをオシム監督は見抜いていました。

例えば「利き足」についても、サッカー先進国であるドイツなどのヨーロッパ諸国と日本とでは考え方が異なります。

ドイツでは、右利きの選手が左足でセンタリングしたら「Ｎｅｉｎ！（ナイン）」ＮＯ（ノー）という意味です。「おまえの右足と左足では、どっちが確率が高い？」と言われます。「切り替えして右足で上げたら？」これがドイツ流です。

日本では、子どものころから両方使うように言われることが多いようです。ですが、私は小学生の間は、右利きなら右足で蹴るように言います。とはいえ、「こういう状況のときに左足で蹴るとどうなると思う？」と問いかけます。そうやって子どもに考えさせながら、両方蹴れると一番いいよねという話はします。

だからといって、「絶対両方使えるようになれ」とは言いません。その子が両方使いたいと思ったらそれはそれでいい。利き足を磨きたければそれもいい。ドイツでも片方の足だけが武器という選手はたくさんいますから。ただし、例えばボールをもったときに右が切られている（右にディフェンスがいる）状態だったなら、「左で蹴れたらよかったね」ということは言っておきます。スポーツですから結果オーライ。ゴールできればＯＫなのです。

もうひとつ、日本とドイツとの違いを話しておきましょう。

例えば、右サイドをドリブル突破しますね。センタリングを上げます。ボールの着地点付近に誰もいなかったとします。

そうすると、ドイツで叱られるのはセンタリングを上げた選手。「誰もいないのに、どうしてそこに上げるんだ?」と。この根底には、ボールを回して、回して、一番チャンスのある時点で確実にゴールするというドイツサッカーの考え方があります。

ところが、日本では他の選手が責められます。「どうしてそこへ行かないのか!」と。間に合えば走って行くのでしょうが、行けるわけがない状況でも他の選手が叱られるのです。「あいつがあんなに頑張ってセンタリングしているのに、どうしておまえたちは行かないいんだ?」そう言われます。周りを見もせずにセンタリングを上げた選手はとがめられないのです。

日本はそのあたりがある意味いい加減です。簡単にボールを離してしまう。サッカーは点を取るスポーツです。ボールを持っている時間が長いほうが、有利なのは間違いないことです。最後のフィニッシュまで選手が考え抜いて攻撃を組み立てる。そこの価値観を教えなくてはいけないと思います。

ポジションをうるさく言わないようにしよう

「自分で考えられる」「判断できる」子どもに育ててほしい。それにはどうしたらよいかという話をしました。最後に、感じ取ることの大切さを話しましょう。よく低学年くらいからポジションを決めて試合をしているチームがあります。『魔法3』で、ポジションを決めたらボールにさわれない子どもが出ますよという話をしましたね。

ですが、ポジションにこだわる指導者は少なくありません。それこそ、日本サッカーの弊害だと思っています。Jリーグの日本人選手にもいますが、失点の場面を見ていると〝感じ取れない選手〟が多い。「ここが危ない!」と感じ取ったらそこへフォローに動けばいいのに、行かないのです。ポジションを完全に役割分担と思っている。だから、感じ取ることができなくなっている。以前、ジェフでプレーしたストヤノフ選手は危険を察知する能力が素晴らしかったです。

例えば、フォワードの選手は「得点機を嗅《か》ぎ分ける」などと言いますね。実は、ディフェンスも嗅ぎ分けなくてはいけません。それなのに、左サイドをどんどん突破されて、もうディフェンスで守る人がいない状態でも、「ぼくは右サイドだから」と動かない子がいます。「左サイドに行ったら怒られるから」と。なぜなら、「自分のポジションにいろ」とコーチに言われているからです。

子どもの自由度、判断の幅をもっと広げてあげてほしいなと思います。みんなで一斉にボールを追う団子サッカーをそのまま放っておくと、間違いなく「ぼく、ちょっと守るよ」という子が出てきます。子どもは天才的です。攻めも守りも両方やれる子も出てくる。そういう子が次に、言い出します。「おまえら守れよ」とか「攻めろよ」とか。じっと見ているとすごいですよ。実は、大人があれこれ言わなくてもいいようになっているのです。

中学年までは団子サッカーでいいと思っています。基本的に全員攻撃・全員守備というのが私の考え方です。ただ、高学年になってくると誰がディフェンスをするとかそんな話はします。話はしますが「最終的には自分たちで決めていいよ」と結論は預けます。子どもは本当に賢いです。仲間のことを本当によく見ているし、自分のことも理解しています。

例えば、たまたまサイドバックのポジションに足があまり速くない子が入ってしまったとします。でも、相手の対面《といめん》の選手は俊足。そういうときに「さて、どうする？」と声をかけると、自分たちで解決法を必ず見つけます。「じゃあ、おれがこの子の横に行くよ」とかいろいろな案が出てきます。一方、事前に対策を練らずに試合に臨み、その足のあまり速くない子がやられて点を取られるとします。大人が冷静にその試合を見ていればわかりますね。「じゃあ、どうする？　あの子だけの責任にするの？」という話を子どもにしなくてはいけません。

ポジションをあまりうるさく言うと、そこに「判断」がなくなります。

「今危ないから、ぼくは戻るよ」

「今、チャンスだからぼくは前に行くよ」

そういう一瞬の判断、サッカーでよくいわれる「嗅覚」が養われません。

あるお父さんコーチの話です。

3年生の1学期から少年団に入った子どもがいました。サッカーは初心者で、最初の1年間はインサイドキックもできなかった。足が速いわけでもない。でも4年になったら、どこからかビュッと現れてインターセプトをするようになったそうです。非常にポジショニングがいいわけです。その子のことをほめたら、本人がこう言ったそうです。

「コーチ、僕ね、足が遅いから、いつも相手のプレーを見て、先を読んで誰よりも早く動こうと思ってるんだよ」

そのチームはポジションは大まかで、いつも「全員で守って、全員で攻めよう」と声をかけてきたそうです。感動しながら話すコーチに私は言いました。

「すごくいい話だから、そういうことをみんなの前で紹介してあげるといいですよ。他のみんなは考えながら試合してる？　って」

私はこういう子がどんどん増えたらいい。心からそう願っています。

「今までこうやって
きたんだから」
古い概念のまま
立ち止まっていませんか?

魔法6

進化する

スポーツは日々進化します。
頭を切り替える柔軟性と
勇気を持ちましょう。

子どもにヘディング練習はＮＧ

子どもに考えさせてほしいという話をしましたが、コーチの方もぜひ考えながら指導していただきたいと思います。古い概念にこだわらず、型にはめようとせず、自分自身を進化させてほしいと思います。

サッカーだけでなく、スポーツは日々進化しています。以前はこういわれていたのに、今はそれが全否定される。そんなことは日常茶飯事です。例えば、給水。以前は水を飲むなと言われました。世代によっては競技中に水を飲むなと言われて育った方、もしくは中学校や高校の時点で「今日から飲んでよろしい」と言われ（やったーっ！）と心の中で静かに大きな歓声を上げた方もいらっしゃると思います。

サッカーなら子どものヘディング。以前は幼児でもヘディングの練習をやらせていました。10数年前に日本でもヘディング練習が幼児の脳に与える負担が社会的な問題になりましたが、ヨーロッパなどサッカーの先進国では、もっと以前から子どもにはヘディングをやらせてはいませんでした。7〜8歳では浮いたボールが蹴れません。

ボールが空中に上がらないのだから、ヘディングを練習する必要はありませんね。

実は、私もこの考え方に出会ったのは20数年前です。それまでは、幼児にヘディングをやらせていました。でも、ある方との出会いが、私に大人も進化しなくてはいけないことを教えてくれました。

その方は、以前ジェフのゼネラルマネジャーを務めていた祖母井《うばがい》秀隆さんです。私の大学の先輩で一緒にサッカーをしていた時期があります。ドイツに9年間住み、ケルン体育大学でサッカーコーチのB級ライセンスを取得しています。ヨーロッパの幼少年期の指導方法も学んでいました。帰国されたころ、私はＹＭＣＡにいたのですが、その祖母井さんにアドバイザーとしてＹＭＣＡに来てもらったのです。ヨーロッパの少年サッカーの指導法を教えていただいたのですが、幼児はもちろん小学生でもヘディングするなんてありえないと言われました。

「今まで、おれら何やってたんだ？」と大ショックでした。すぐに変えました。全国のＹＭＣＡのサッカースクールのカリキュラムをすべて変更しました。かなりの数のコーチを抱えていましたが、一斉に集めて言いました。

「今日から、ヘディングはなくなります」

みんな、ビックリして会議室はざわめき始めました。

「どういうことですか？　今までやっていたことは何だったんですか？」

大ブーイングでした。でも、仕方ありません。「いや、今まで間違っていました。今日から変わります」と告げました。間違っていたら、変えなければいけない。もっといい方法があったら、そちらに移行するべきです。その勇気は必要です。特に、子どもはどんどん成長していきます。待ってはくれません。少年サッカーにヘディング練習は不必要だということを、それまで日本人が知らなかっただけです。ヨーロッパでは12歳頃からはじめるのが普通のようです。

今は、高学年までヘディングは一切やらないというチームも増えています。一方で、まずいことに今も知らずにやらせているチームもあります。公園で、小さいわが子にボールを投げてヘディングをさせているお父さん、お母さんも見かけます。ここまで読んで一瞬息が止まった（？）方は、勇気を持ってやめてください。

そして、これからお伝えする5つの要素をぜひ見直してみてください。古い概念を捨てて、自分の中のサッカーを進化させてください。

「間接視野」でシュートを打ったジーコ

1番目はシュートにまつわる進化です。

これは、オシムさんから学びました。

オシム監督がまだジェフの監督だったころ、実験してくれたことがあります。監督は練習の終わりごろ、ギャラリーが増えるといろいろやって見せてくれます。ギャラリーというのは私たちコーチです。

やってくれたのは「ポスト・シュート」。ゴール前に選手がひとりポスト役で立っていて、そこにパスをしてポストが落としたボールをシュートします。単純な練習ですが、オシム監督はゴールの後ろに立っていてシュートする選手へ指示を出すのです。左右、どちらの隅にシュートを打てという指示を出す。それも、蹴る選手が足を踏み込んで、まさに足がボールに当たる瞬間に出すのです。

当時ジェフにいた日本人選手は、全員できませんでした。どうしてでしょう。

なぜなら、長い間というか今でもそうかもしれませんが、日本のサッカーではシュート動作は「2段階方式」で打てと教えられているからです。

①相手GKの位置を見てスペースが空いているほうのゴールを確認

②足元のボールを見て正確にシュート。

この「2段階」が体に染み込んでいる選手は、オシム監督の瞬間的な指示に対応できません。

ところが、当時ジェフに所属していたチェ・ヨンス選手とミリノビッチ選手はできました。彼らのシュート動作はこんな感じです。ボールがどこにあるかっていうのを見る。振りかぶって、途中で見て、足首の動きをちょっとだけ変えるだけで、右に蹴ったり左に蹴ったりできるのです。特に、チェ・ヨンスはすごかったです。オシム監督のギリギリのサインに確実に反応して、右に左に蹴り分けました。

そのとき、私が思い出したのはW杯のゴール集で観たジーコのプレーでした。

ゴール前。ジーコは上がったボールをジャンプしながらコントロールして、ゴールするのですが、スローで観るとずっとGKを見ているんです。ジャンプしてコントロールをしているのに、ボールには一切目がいかない。ずっとＧＫを見ているのです。ＧＫが自分の左側に動くのを見て、右足のアウトで右隅にシュートを流し込みました。何度も観たので今でもその映像は目に浮かんできます。「ブラジルの選手ってこんなことができるのか！」と本当に驚きました。

ジーコはどこでボールを見ているかというと、それは「間接視野」です。要するに、私たちには見ようとしなくても、目を向けなくても見えたり感じたりできる間接視野というものがあります。バスケットボールやラグビーなど広いスペースを見なくてはならない球技をしたことのある方はわかりやすいと思います。ガンバ大阪の遠藤保仁選手がＧＫの動きを見ながらゆるいゴロのＰＫを入れますが、彼も置いてあるボールをこの間接視野で見ています。チェ・ヨンスとミリノビッチも同じです。

ただ、ジーコはやはり神様ですから。ジャンプしながら、動いているボールも間接視野の中で彼はコントロールできてしまうのです。

ジーコを目指すかどうかは別として、そういう練習を小さい時期にやり始めなくてはいけません。年齢が小さければ小さいほど、感覚的なものは体で覚えやすいのです。

小さいときに最初から「まず、ボールを見て蹴るんだよ」と教えずに、前を向いて蹴らせる。そういうふうにしてしまうと、「見て蹴る」「見ないで蹴る」と段階を踏んで別々に2度練習しなくて済みます。見なくても正確に蹴ることはできますから。古い概念に縛られてはいけません。

日本代表が得点力不足だとか、日本人にはストライカーが育たないとか、いろいろなことが言われます。あの日、チェ・ヨンスたちと一緒に引き揚げるとき、オシム監督は私たちには何も言いませんでした。ただ、ギャラリーに向かってウインクをして去っていきました。

監督は日本のサッカーのすべてを見抜いていると、私は強く感じました。「日本のサッカーに足らないのはここだよ」と私たちコーチに教えてくれたのだと思います。「自分を進化させるんだよ」と。

チームスタッフと一緒に休みの日に車に乗ってどこかへでかけた時。河川敷のグラウンドなどで人々がサッカーをしている風景に出会うと、オシム監督はよく「車を停めてくれ」と言ったそうです。小学生がやっていようが、大人がやっていようが、遊びでやっていようが近づいて見に行く。無名の人たちのサッカーをじっくり見ていました。

「ここに日本のサッカーのルーツがあるぞ」

そう言うのです。人々がただただ無心にボールを蹴り、サッカーを楽しむ風景。そこから必ず何かが生まれるのだと言いたかったのだと思います。オシムという人がどれだけ日本を愛し、日本のサッカーの未来を考えてくれているのかがわかります。

ロナウジーニョのパスは悪いキック？

2番目は「パス」です。

指導者講習会に呼ばれたとき、私はよくひとつの実験をします。題して「このキックは正しいキック？　悪いキック？」。

最初にボールの横に足を置いて正確に蹴ってみせます。

「これはどうですか？」と尋ねると、みなさん腕を組んで「うーん」などと首をひねります。「どうですか？　何か気になりますか？」と聞くと「いや、その、立ち足の位置が……」などと言いながら、やはり「うーん」と唸《うな》っています。

「じゃあ、次のキックを見てください」

顔と立ち足は左に向けたまま、ボールは右方向に立っている人に正確にパスします。

「これはどうですか?」と聞くと「いや！ それはダメです」と言います。そこで、私は「正しいパスというのは何でしょうか。本来の意味は何ですか? 正確にその人のところへ行けばいいのではありませんか?」と問いただします。

「どんな蹴り方をしようが、関係ありませんよね? もし、このパスがダメなのであれば、ロナウジーニョ（ブラジル）はダメな選手ですか?」

そこまで話すと、みなさん「ああ、なるほど」と言います。組んでいた腕をほどいて、しばしうなずくのです。

それなのに、ロナウジーニョを真似てノールックパスをする子を叱るコーチがいます。「アウトで蹴るな。インサイドで蹴るように」と子どもの選択の幅を狭めてしまうコーチがいます。基本技術は大切ですが、型にはめようとしないでほしいと思います。基本をいい加減にやっていると試合でうまくパスができませんが、その時に初めて「君には正確に蹴る練習が必要じゃないかな?」と声をかけてあげればいいのです。気がついて本当に練習が必要だと実感すればやり始めます。その瞬間こそ、子どもがぐんぐん伸びる時なのです。

シュート機会が倍増するクアトロサッカー

3番目は、練習などでミニゲームをする人数です。

小学生年齢で11人制のサッカーしているのは、日本、中国、韓国の東アジアの国だけです。オランダの少年サッカーは4対4。祖母井さんが80年代後半にドイツから帰国した際、それを紹介してもらってYMCAでやり始めました。実は製菓メーカーが4対4の大会を主催していたため社名からとって「クロッキーサッカー」と呼ばれていたのですが、わかりやすくするため「クアトロサッカー」と名づけました。

試合は4対4でゴールキーパーなしで行います。そのため、シュートを打つ場面が増えます。ゴール前のシュートシーンが8人制や11人制よりも、2倍に増えるというデータもあります。これは当時から知られていたことです。

打つ回数が多いので、子どもたちはシュートがうまくなります。端的に言えば、ストライカーが育ちやすいのです。同時に、うまいディフェンダーも育ちます。キーパーがいないので、早め早めに攻撃の芽を摘まないといけない。相手の攻撃を読んでディフェンスしていかないとゴールを入れられてしまいます。

4人でやる場合、ポジションが非常に簡単です。攻める、守る、中盤をつくる。それだけです。これがサッカーでは一番シンプルな形です。日本の練習は3人が多いですが、3人だとトライアングルはひとつしかできません。でも、4人になった途端にトライアングルが4通りできます。

ジェフではほぼ定期的にクアトロサッカーの大会を開催しています。トライアングルの関係性を学べるので戦術眼が確実に養われます。シュート技術も磨けます。ディフェンス力もつきます。実際は8人制、11人制の大会が多いと思いますが、練習ではぜひクアトロサッカーを採用してください。

練習メニューは実戦をイメージ

4番目はアジリティー（Agility）。サッカーでいうところの「俊敏さ」や「巧みさ」です。サッカーはフェイントをかけたり、相手を振り切ってからパスを受けるため、俊敏であることが要求されます。日本のトレーニングでは、マーカーやコーンという道具を使って練習することが多いのですが、実はそれではアジリティーはアップしないといわれています。サッカーはもちろん、バスケットボールなどの対人スポーツは、必ず相手の動きに対応しなければならないからです。私はそれを千葉大学男子バスケットボール部の日高哲郎先生から教えていただきました。『デクステリティ　巧みさとその発達』（金子書房）という本に詳しく書いてあります。要するに、相手の動きに合わせるトレーニングをしないとアジリティーは身につかないということが書かれてありました。

オシム監督がジェフ時代、練習でこんなことをしたことがあります。

他のコーチが「これからシャトル・ランをするからコーンを置いて」と、何人かに置かせていました。さあ、やろうとなったところでオシムさんがやって来て、顔をしかめてしゃべり始めました。

「おい。サッカーの試合で、決まったところでターンするっていう場面があるのか?」

そこで、ふたりでオフェンスとディフェンスに分かれて、オフェンスがターンしたらディフェンスがそれについていくというやり方に切り替わりました。

「ほら、サッカーはこれが当たり前だ。どうしてコーンが必要なんだ?」と言っていました。私たち日本人の、そういう間違った認識をわからせたかったようです。監督には、実戦のイメージしかないのです。

私は少年サッカーもそうでなくてはいけないと思います。子どもたちの練習こそ、相手の動きに対応したメニューをどんどんやってください。アジリティーを小さい時期にからだに叩き込むことは非常に有効です。一度コーンを使ったメニューを見直してみてください。

スペインの子どものパスワーク

5番目は戦術です。

2006年に千葉市で行われた指導者講習会の質疑応答で、小学生の戦術の話になりました。簡単にいうと、「ドリブルでいけ」と個人の能力を重視すべきなのか、「パスしろ」とパスサッカーを教えるべきなのか。そのようなことです。

ドリブルとパスのどちらを重視するかということは、別段考えなくていいのではないでしょうか。私は、少年サッカーでも両方が融合されるべきだと思います。日本では、「小学生の間はドリブルの突破力を鍛えるべき。自分でいくほうがいい」と断言する指導者がまだまだ多いようです。私はそこにこだわっていては、日本のサッカーはますます遅れてしまうと考えています。

私もYMCAで教えていたある時期、子どもたちに「ボール持ちすぎないで。パスしてごらん」と話していたことがあります。「おまえがひとりでドリブルしても、みんなにとって何の得にもならへんぞ。パスしてごらん」。

そのころ、私のチームは全国大会で優勝しました。すると、周りの指導者が「池上さん、変わりましたよね」と言ってきました。「今まで池上さんは『ひとりでいけ』と言ってたのに、今年はパスしろって言ってる。なんでそんなにコロコロ方針が変わるんだ」という。

私はその時、サッカーは進歩して変わっていかなければダメだという話をしました。「小学生だからドリブル」と決めつけちゃいけない。低学年で教えられていなくても、見ていると自分でパスを出します。その感性を奪ってはいけません。

ドリブルとパスの関係は、「自由と規律」という言葉と少し似ていると思います。自由だけではダメで、規律だけではダメ。自分が行き着いた結論なのですが、一昨年スペインでそれをあらためて再確認しました。

スペインのマドリードに、ヘタフェといって一部の下位にいるチームがあります。そちらの下部組織の練習試合を年代別に見学しました。6歳、日本でいう幼稚園年長さんの試合も観ましたが、その子たちはどんどんパスします。それも絶妙なタイミングで。ボールを受けてドリブルして、相手がきたらポーンとサイドでフリーの味方にパスするのです。各年代すべて、そんな場面がありました。日本の子どもたちのサッカーとは全然違いました。

しかも、それは教えられてやっているのではないようでした。スペインのコーチは子どもたちにいちいち何か指示を出したり、煽《あお》るようなことはしていません。小さいころから一流のサッカーを見て育っているので、見よう見真似というか頭の中にイメージが染み込んでいる効果のほうが大きいと思いました。要するに、子どもたちがいいサッカー、一流のサッカーを知っているのです。

そのスペインでの研修の際、ワールドカップ予選のスペイン対クロアチア戦を、VIP席で観戦しました。すると、驚いたことにVIP席はもちろん、いたるところに小学生らしき子どもたちがたくさん座っているのです。それぞれ親が連れてきているようでした。そんなすごい試合を大人に混じって見るわけです。

「育ち方が違う」と思いました。残念ながら、プロ化されたJリーグが10数年の歴史に対して、あちらは古いクラブだと約100年の歴史があります。子どもたちがふれるサッカー文化がまったく異なるわけです。

オシム監督も「日本人はちょっとおかしい」とおっしゃっていました。
「日本代表の試合があるのにテレビ観戦もしないで、選手や子どもたちがその時間練習をしていたりする。そのあたりがよくわからない。日本の代表選手が試合をしているのに、どうして観ないのだ?」

要するに、国の文化としてサッカーが根付いていないのです。ブラジルなどは学校が休みになったりします。この文化格差をどうやって埋めていくのか。もちろん埋めることは不可能なのかもしれませんが、大人が少しでも子どもたちにいいサッカーを見せる。そこの努力をするのとしないのとでは違ってくると思います。

脳科学の世界で、10歳前後の子どもたちは「ゴールデン・エイジ」と呼ばれていますね。見たもの、聞いたもの、ふれたものをどんどん吸収していく世代です。実際に子どもを育てている保護者の方は、子どもの覚えのよさに舌を巻くことがあるでしょう。スペインの子たちは、明らかにサッカーでは上質のものを目《ま》の当《あ》たりにして、直にふれているのだと思います。そのことが、6歳の子が繰り出す、流れるようなパスにつながっているのです。

子どもだからこそ年齢の高い指導者を

日本サッカーの歴史の浅さは、スタジアムに来る方の年齢層でもわかりますね。ヨーロッパに比べて、子どもと年配の方が圧倒的に少ない。まだまだ若者と大人だけの文化にとどまっているのです。小さい子からお年寄りまでがいてこそ、根付いた文化だといえると思います。

同じように、日本の少年サッカー大会を観に行くと、若い指導者が多いですね。地域のクラブは必ずしもそうではありませんが、Jリーグの下部組織になると選手の年齢が下がるほど若い指導者が多い。少し前まで現役選手だった人がコーチをしている。知名度があるので保護者や子どもは喜びますがこれではダメなのです。むしろその逆で、子どもの年齢が低いほど年齢の高い指導者がいなくてはいけません。子どもの理解、成長プロセスの理解が必要であるとともに、保護者を受け止めていかなくてはいけませんから。人生経験も指導経験も浅い、若い指導者では非常に難しいのです。

「日本サッカーの父」といわれたクラマーさんは、祖母井さんと旧知の仲です。そのクラマーさんが、祖母井さんに「おまえみたいなやつが日本の小学生を教えなくてはいけない。そうしなくては、日本はよくならないぞ」とおっしゃっていたそうです。

私は実は、密かに日本最年長の少年サッカーコーチを目指しています。お父さんコーチの方、長く少年サッカーを見ていらっしゃった方も、ぜひこのクラマーさんの言葉を自分へのエールだと受け止めてください。リタイアせずに地域でがんばってほしいと思います。若いコーチはこれから経験を積み重ねてほしいと思います。

サッカーも、子どもも、進化します。それとともに、自分自身をどんどん進化させていってください。

「プロに
なりたいんだよな？」
子どもより先に
自分の望みを
語っていませんか？

魔法7

夢を持たせる

大人の期待を伝えるのではなく、
子どもが自発的に
目標を持てるよう導こう。

親の期待を伝え過ぎると子どもはつぶれます

私はＹＭＣＡの選抜チームを指導していた時期があります。４００人の中から選抜して編成された6年生主体のチームです。ある日、練習試合をしました。相手はけっこう強いチームで前半リードされていましたが、それなりにみんながんばって戦っていました。

ハーフタイムになったら、ひとりの子のお母さんがベンチに走ってきました。すごく硬い表情で、こう言いました。

「うちの子どもがこんなにできないなんて、思ってもみませんでした。もう今、連れて帰ります。今日でやめさせますから」

私は驚きました。子どもは母親に手を引っ張られながら、泣きじゃくっています。私がなんとかお母さんを説得しようとしましたが、どうにもなりません。嫌がる子どもを連れて本当に帰ってしまいました。

その家庭は上の子もかつて選抜チームにいました。長男の時もよく見にいらっしゃっていましたが、お母さんはたぶん兄のプレーをイメージしていたのでしょう。次男はお母さんが思うようにはできていなかったのだと思います。私たちから見れば兄弟でそんなに能力差があったわけでもないのですが、お母さんには我慢できなかった。要するに、「このくらいのプレーはしてほしいな」という親としての希望というか尺度があって、そこにわが子が到達していないとすごく失望するのでしょう。最終的に、その子は違うチームに移ってしまいました。

このお母さんのように、親が思うほど子どもができない場面を見ると、いたたまれなくなって感情が噴き出してしまう方は少なくないようです。親が子どもに罵声《ばせい》を浴びせたりと、そんな場面が多々あります。

そういったことを防ぐために私たちがよくやるのが、親子サッカーです。楽しいイベントとして、親対子どもで試合をします。サッカーをやったことのないお母さんにもボールを追いかけてもらう。そうすると、サッカーがどれだけ難しいかを理解してもらえます。手じゃなくて足を使うことが実はそんなに簡単じゃないということを、体感してもらえます。

皆さん、終わった後は「いやぁ、サッカーって難しいですね」とか「ハードなスポーツですね」とおっしゃいます。大人が難しいと感じたり、苦しいと感じることに子どもは取り組んでいるわけです。そこのところを、お母さんやお父さんには実感してほしいと思います。

子どもをやめさせてしまったお母さんには、きっと夢があったのだと思います。わが子をこうしたい、こうなってほしいという夢があった。その夢に向かう途中で、息子が自分の思い描いた姿になっていなかったのでしょう。

親が夢を託しすぎると、子どもをつぶしてしまうことがあります。千葉大の徳山先生は「親子共倒れ」という表現を使います。「今の親は子どもと共倒れする」と。子どもの夢に、親も乗っかっている。そうすると、挫折した時、子どもは重い大人に乗られて進む道を指図されてきたため、今度は自分の意思で立ち上がれません。しかも、わが子の夢が崩れた時に、自分も夢がなくなってしまって落ち込む親もいます。いわゆる、親子共倒れです。

ジェフも他のJリーグチームのように、中学生から高校生になる時にユースチームへのセレクションがあります。よくない結果を告げられた時、子どもより親のほうが落ち込んでいます。子どもは自分の力をよく知っていますから、ある程度予測しているし現実をきちんと受け止めることができる。ところが、親のほうが「じゃあ、違うチームを探さないと」とあわてているような気がします。逆に子どもから「ぼくは大丈夫だよ」と励まされたりします。子どもが倒れていないぶん、いいとは思うのですが。

「大丈夫さ。お父さんも、お前がサッカー選手になったらいいなあと思っていたけど、サッカー選手だけが人生じゃないよ」

子どもの夢が遠のきそうになった時、そんなふうに言える大人であってほしいと思います。「サッカー、十分楽しんだよな。がんばったよな。別にプロにならなくてもいいよ」と言ってほしい。しばらくしたら、その子がまた元気になって「どこかでもう一度挑戦するよ」と言い始めたら、「そうか。じゃあ行っておいで」と言える。そんな親であってほしいと思います。

親子共倒れを防ぐために、「過度な期待はいけませんよ」という話をよくします。

そうすると、「自分の子どもに期待して何が悪いんですか！」とおっしゃる方がいらっしゃるかもしれません。期待するのが悪いのではなく、その期待を子どもに「伝え過ぎる」ことがいけないのだと思います。

例えば、親の夢として「サッカー選手になれたらいいよね」と子どもに言った時、その言葉がわが子にとってどれぐらいのプレッシャーになるのか。あるいは励みになるのか。プラスになるのか、マイナスになるのか。その部分は、親子だからこそ見抜けなければいけません。そのあたりを見抜けないままプレッシャーを与えすぎ、結果的に子どもがつぶれてしまうケースは少なくありません。

日本の子どものハングリーさをどう育てるか

親がかわいい子どもに期待するのは当たり前です。ただ、先ほども話したように、その期待感を子どもに伝え過ぎると子どもはつぶれてしまいます。なぜなら、結果的に子どもの夢を操ることになりますね。操られた夢は子ども自身のものではないので、切り拓いていくことはできません。

私の教え子に「中学生になったら、もっと高いレベルでやりたい」と、ひとりで電話帳をめくって入りたいクラブを調べた小学6年生がいます。地元の中学校のサッカー部があまり強くなかったから、自分でどうしたらいいか考えて探したそうです。結局、自分でサッカークラブを探し当てて申し込みに行ったのです。電話があって「池上コーチ、今度ここへ行くからね」と言うので、「おまえ、すごいね」と私は感心しました。

私は、こうあるべきだと思います。小学生の間に自分で夢を持って、具体的な目標を掲げられる。そういう子に育ててほしいのです。「うちの子は自分で積極的に動ける子じゃないから」と言って、環境を用意しようとする親もいますが、それは違うと思います。最終的には子ども次第。親は、子どもの夢を指図してはいけません。

逆の例もあります。

サッカーがうまくて性格的にも素直で、中学生になった時に地域の選抜チームの選手に選ばれました。ところが、選ばれた子の中に自分の知っている子、友だちがいませんでした。それで、「ぼく、選抜チームには友だちがいないから行かない」と辞退したのです。その子には、よりレベルの高いサッカーを求めるという気持ちがなかったのでしょう。非常に真面目な子でしたが、自尊心が強かったのでより高いレベルでプレーする勇気が出なかったのかもしれません。もしくは、その子にとって、サッカーをやることの意味が、選抜チームでやるのとは少しばかり違ったのかも知れません。より厳しいところに行こうとは思わなかったのでしょう。いずれにしても、サッカーに対してハングリーになれなかったのです。

私は2005年にブラジルに行きましたが、ブラジルの子どもたちは生きていくこと自体にハングリーさがあります。「自分が家族を支えなければ」という、貧しさからの脱却を目指すハングリーさです。

ですが、今の豊かな日本の中でブラジルと同質のハングリーさを求めるのは現実的ではありません。この国の子どもたちにとっては、高い目標を掲げたり自分がもっと伸びる環境を求めたりする欲求が、ハングリーさになるのだと思います。そういう子たちは夢をもてるし、伸びていける。子どもが夢をもった場所が、伸びる場所なのです。

「おまえにはハングリーさが足らない」「どうしてもっと欲を出さないんだ」

子どもがせっかく楽しんでサッカーをしているのに、リフティングの練習をしていないとか小さなことで怒る親がいますね。

それは、自分の希望に子どもが到達していない、あるいは自分の夢に子どもが便乗してくれない焦《あせ》りやイライラ感から出てくる怒りです。いきなり「おまえにはハングリーさが足らない！」と怒っても、その子がハングリーになれるわけではありません。

では、ハングリーさをもつために親はどんなサポートができるでしょうか。

一番大切なのは話し合い、「親子の会話」をすることです。まずは、具体的に目標を描けるよう働きかけること。夢が具体的であればあるほど、どうしたらいいかという方法論も具体的になります。

「じゃあ、どんなサッカー選手になりたいの？」

例えば元フランス代表のジダンみたいになりたいと言えば「じゃあ、そうなるために、今何ができるかな？」と子どもに問題提起する。「クラブに入ってるよ」って子どもが言ったら「じゃあクラブに入っていたら、それだけであんな選手になれる？」

って聞いてみる。「ぼくは頑張ってるよ」とか、だいたい子どもの言うことは抽象的でしょう。そういうときに大人が「じゃあ何を頑張ってる?」「どう頑張ってる?」と具体的に説明させてみてください。

仮にお父さんだったら、自分の仕事を例に挙げて「お父さんの仕事でこんな難しいことがあって、こんな努力をした」など、何か身近に感じられる話をするといいですね。そんなふうに会話をしながら、「今ぼくは何をしなくちゃいけないのか」ということを具体的に考えられるよう働きかけてほしいと思います。

それなのに親はついつい説教臭くなりがちです。

「もっと頑張らないとダメだよ」「スポーツは甘くないよ」「もっと練習しなきゃできないよ」

話の内容が抽象的なうえに、話の仕方も一方的。単なるつまらないお説教になってしまいます。

さらにいえば、本当にがんばれる子というのは、失敗することが恐くない子なのです。それなのに、過度な期待を抱いている親は、子どもの失敗や挫折みたいなものに対して過剰に反応してショックを受けます。自分では隠しているつもりでも、親の失望感は期待感同様、必ず子どもに伝わります。「お父さん（お母さん）は結果を気にしている」と。そうすると、子どもは失敗を恐れていろんなことにトライしなくなります。

一方的でない親子の対話をもとう

親ができるサポートのふたつ目は、夢をもてる機会を何度でも与えることです。ただし、与える機会の選択が、親のひとりよがりの場合もあります。第一に、子どもが本当にサッカーをしたいのか、実はしたくないのかというモチベーションの部分。「自分はあんまりサッカーは好きじゃないけど、親に行けと言われているから」という子も中にはいると思います。「やらされている子」です。

「あなた、運動嫌いだからサッカーでもやりなさい」

「少し肥満気味だからスポーツをしたら」

このような場合以外でも、親が最初に設定した動機付けがあるのなら、子どもがどう受け入れているのかをもう一度親子で確認したほうがよいと思います。

もうひとつ、「あなたが自分で選んだんでしょ?」という言い方があります。子どもが一度でも「サッカーやめたい」と言えば、その言葉が出てきます。「選んだのは自分でしょ。だから頑張りなさい」もちろん、選んだのは子どもかもしれませんが、そこで何かうまくいかないことがあった時にもっとじっくり話を聞く必要があります。

「継続は力なり」とは言いますが、続けることが一番いいことでやめることは良くない――古くからのそういう教育や考え方に縛られがちです。でもそこで相談相手になってあげ、簡単にやめてしまうのがいいのかどうかを話し合ってほしい。「本当にやめていいのかな」「やめたら次は何をする?」「続けられない理由は、実は簡単に乗り越えられるような問題かもしれないよ」。そういったアドバイスができる親であってほしいと思います。

でも実際は「とにかく、始めたんだから続けなさい」と頭ごなしに言うことが多いのではないでしょうか。ところが、例えばいじめられているとかそういう話になると「そんな子がいるところはやめなさい!」とすぐにやめさせてしまいます。そうじゃない理由だと無理やりでも続けさせることが多いのに。すべてが親の判断でしかない。子どもたちが選んでいないようです。もちろん、選ぶという作業は好き勝手をするという意味ではありません。

加えてよくあるのは、「今やめたいかもしれないけども、4年生までやってみて決めたら?」と親が勝手に区切りを設定するケース。例えば、2年生の頃にやめたいと言ったけれど、4年生までやることを勧めるのは、どこかに「そこまでやったら続けるだろう」という親側の希望があるわけです。もしかしたら、結果的に続ける子が多いのかもしれませんが、じゃあ2年生の時にやめたいと思ったその子の気持ちは、誰が本当に聞いてあげたのでしょうか。

これは、親の願いを子どもに伝えてはいけないということではありません。親として「最後まで続けてほしい」という話はしてもいいと思います。ただ、「それでもやめたい理由は何なの?」と、きちんと子どもの気持ちを聞いてあげてください。一方的でない本当の意味での対話が必要なのです。

「あのときにやめたいと思ったけれど、続けてよかった」

そういう美談は多いです。なので、無理やりでも続けさせるのが親の役目だと思い込んでいるような気がします。恐らく、それは日本の教育上大きな価値観で、それが忍耐力とか、我慢強さにつながっていく。「勉強が嫌」と言えば、「嫌でもやらなくちゃならないことはあるのよ」で済ませてしまうことに似ています。「嫌なものに耐える」というものになりやすい。本来なら、「嫌なこと」を楽しいと思えるように発展させるべきではないでしょうか。

いやなことはいやだと言える。そんな力。なおかつ、「嫌なこと」をいい方向へ変えていける力。今はできないけれどもう少しすればできるようになるとか、今ここを我慢しておけば次にこんなことができるようになるとか、そういう見通しを立てられる力をつけられたらいいと思います。我慢ばかりを強いると、子どもは「まあいいや。お母さんの言うことは我慢すればいいや」でとどまってしまう。「嫌」を発展させる力にはつながらないと私は思います。

とはいえ、本人が自分でよく考えて「やめたい」と言ってきたら、親は「じゃあ、やめたら」と言っていいと思います。そこで「自分でやるって決めたんでしょ」とか

「一度始めたものは最後までやり通せ」なんて言わないこと。休みたければ休めばいい。「やっぱり、またやりたい」と言えば「やっていいよ」と言ってあげてください。スポーツでも、習い事でも、いろいろな「やり直し」の機会を、子どもに何度でも与えるべきだと思います。

中途半端にスポーツをしてきた親の落とし穴

３つ目は子どもに「余裕」を持たせること。今、いろんな分野で子どもの早期教育が盛んですね。例えばサッカーでも、ピアノでも、語学でも、小さいころからたくさん時間を費やせばものになるんじゃないかと親は期待しがちです。でも、現実はそうではありません。サッカーの日本代表選手が全員早期教育を受けているでしょうか。小学校の高学年から始めた選手もいれば、高校から始めた選手もいます。

それなのに、挫折した大人は自分がやってきた過去の経験だけで「あのとき私はもっと練習していたらこうなった」と思い込んでそれを子どもに伝えがちです。でも、本当に「こうなった」かどうかはわからない。途中でつぶれていたかもしれない。現実に、詰め込み教育でつぶれていく子はどんな世界でも少なくありません。失礼な言い方ですが、私はよくこう言います。

「中途半端にスポーツをしてきた両親の子どもはかわいそうですね」

なぜなら、親の夢半ばを子どもに託してしまいがちだからです。これは先に述べた「中途半端にサッカーを知っているコーチ」と共通するものです。ついつい自分の経験だけで子どもに話をしてしまいます。その経験が正しかったのか、間違っていたかの検証もしないまま伝えてしまうのです。

しかしながら、そもそも子育ては主観的なものです。血がつながった者同士のコミュニケーションですから、子どもには強く伝わる。だからこそ、親は感情に任せず、持論だけでなく、慎重に接しなくてはいけないと思います。例えば、星一徹のような過度なスパルタはできれば避けてほしい。ただ親子なので、スパルタが絶対ダメかというと、これはちょっと難しくて、親子だからこそ許される部分もあることはあると思います。

そこで、「自分が子どもを育てるためにどう頑張っているのか」ということを見直してください。恐らく、言葉で「頑張れ」と言っている人が多いと思います。あるいは、「もっと練習しなさい」という言い方。やっているかやっていないかを見張っているだけではありませんか?

「じゃあ、一緒にサッカーやろう」とか、「何ができないか、一緒にやってみようか」と自分から動き始める親は少ないようです。本当に子どもに関わりたいなら、そこまで関わってあげてほしいと思います。ただ、先ほど述べた過度なスパルタは避けてほしいと思うのですが。

例えば、「ぼくはレギュラーになれないから面白くない」と言い出した時。

「じゃあさ。どれぐらい本気で練習してる?」「一回一緒にやってみようか?」

そういった親の言葉やアドバイスが必要だと思います。

私の教え子にこんな子がいました。小学生のときはちゃらんぽらんだった子が、私立のサッカーの強豪高校を受験しました。彼はゴールキーパーで地域選抜選手に選ばれるくらいでしたが、練習の厳しい学校を選んだのは意外でした。小学生のころは何でも楽しくやるのですが、練習を遊びで終わらせてしまうところがありましたし、苦しいことや厳しいことが大嫌いな子でしたから。

ところが、彼はテストを受ける受験生の中に関西選抜のキーパーを発見しました。地域選抜の彼より、その子の方がランクは上です。その途端、「僕はディフェンスです」と言ってテストを受けたそうです。瞬間的にキーパーでは試合に出られないと思ったわけです。非常に勇気のいる賭けですね。結局合格して、やったこともないディフェンスの選手として3年生でレギュラーになりました。

小学生の時は厳しいところで耐えて頑張れる子じゃないと思っていたので驚きました。でも、この子は小学生の間に週2回くらいの練習で余裕をもって楽しくやっていました。簡単に言えば、余裕があったから途中で燃え尽きずに済んだわけです。

「勝ちたいという
気持ちが足らなかった」
敗戦を精神論で
片付けていませんか？

魔法8

余裕を持たせる

余裕を持って子どもと接すれば
本質が見えてきます。

それがいじめ⁉　余裕をもって本質を見極めよう

私は近ごろ、小学校や幼稚園、保育園の保護者会に呼ばれて講演することが多くなりました。その時によくするのが、「私が娘の公園デビューをさせました」という話です。

1歳半くらいで、初めて近くの公園へ連れて行きました。着飾っていません。普通の洋服です。砂場で遊んでいたら、同い年くらいの子に使っていたおもちゃを取られてしまいました。娘は私に抱きついて泣きじゃくるので「取られたら、どうするの?」と聞きました。それでも泣いているだけなので「じゃあ、仕方ないから違うので遊ぼうか」と引き続き遊び続けました。

しばらくしたら今度は違う子がやってきて、娘の頭に砂をかけました。シャーッと見事に頭の上から。すると、娘は「きゃっ、きゃっ、きゃっ」とすごく喜んでいる。シャワーか何かと間違えたのでしょうね。砂のシャワーですね。親の私は「へえ、こいつ、面白い反応するなあ」なんて感心しながら、ずっと見ていました。何度かけられても本当にうれしそうでした。

そうすると、砂をかけた子のお母さんがすごい剣幕で飛んできました。自分の子の腕をガシッとつかんで、「ちょっと！　何してんねん⁉」と止めたのです。そこで、私はそのお母さんに向かって「あのう、ちょっと見てください。うちの子、喜んでますから。大丈夫ですから」と声をかけました。その瞬間、そのお母さんは驚いたように目を見開いて私の顔をまじまじと見ていました。（何でやねん？）という顔つきで。すぐに「すみません！」と言い残して、嫌がる子どもを抱きかかえて連れ去ってしまいました。

砂をかけられても死ぬわけじゃないですよね。家に帰ったらシャワーを浴びればいいわけです。私が子どもの頃はお湯を沸かしてたらいに入れる時代でしたが、今はすぐに温水シャワーが出る生活ですよね。

もう少し余裕を持って、子どものことをよく見てほしいなあと思います。親が余裕を持てば、本質を見極められるはずです。でも、今は自分に余裕がなくて、本質から目線が外れてしまう保護者の方が多いように思います。

例えば、学校の中にしても、サッカーチームの中にしても、子どもが集まる場所にはいじめのような出来事が起きたりします。実際に私が指導していたスクールでも「いじめられるのでやめます」と言ってくる子がいました。ここで難しいのは、「何がいじめなのか」ということなのです。

以前行った「親子サッカー教室」での出来事です。あるボールを取り合うメニューの中で、幼稚園の子が小学生の子にボールを蹴られてなかなか取れませんでした。幼稚園児は悔しくて泣いていました。そして、家に帰ってお父さんに「サッカー教室でいじめられた」と言ったそうです。「小学生のお兄ちゃんがボールを蹴って……」と話したそうです。

サッカー教室の指導にあたっていたのは私たちですが主催は違う団体でしたので、その子のお父さんは主催者側に電話して30分間延々クレームをつけたそうです。最後は「そんなところへは、もう行かなくていい」と。教室は全部で5回コースでその日が1回目だったのですが、その子は一度きりで次からは来ませんでした。

子ども同士がボールを取り合ったとか、そんなことで即いじめだという理解をされてしまったのです。そこで、2回目以降は親向けのレクチャーを始めました。指導する私たちがどんなつもりでやっているのかという説明です。

「子ども同士がボールを蹴ったり、意地悪するのは当たり前の出来事です。どうしてそれがいじめなのでしょうか」と話しました。やられた子が「やめてくれ」と自分で訴えることも必要だし、年上の子が「もうそろそろやめとけ」と横から手を差しのべることも必要です。でも、そういった関わり合いは、子どもの成長に必要なものです。だからこそ、保護者にも来てもらっているし、幼稚園から小学3年生まで異年齢の子が一緒にサッカーをする意味があるのです。

そのような話をすると、みなさん「なるほど」と言ってくれますが、特にそんな話をしないと理解してもらえない現実があるのも確かなのです。これはちょっと寂しいことだと思います。

精神論では子どもの成長につながらない

一方、指導する側も子どもの本質を見極められているかどうかは疑問です。

これは保護者の方も同じかもしれませんが、試合に負けた後に「勝ちたいという気持ちが足りなかった」とか、「相手の方が、勝ちたいという気持ちが強かった」と子どもに話すコーチがいます。敗戦のたびに精神論で片付けてしまうわけです。これは結構多いです。話すことが見つからないので、仕方なく言っているのではないでしょうか。スポーツでは、戦う時の強い気持ちや集中力、立ち向かう闘志は大切な要素です。けれども、精神論だけでは子どもたちの成長や前進につながりません。

「指導しないといけない」とか「修正しないといけない」と思っていても、その具体的な方法が見つからない。何をしたらいいのかと考えると、ミスを見つけるのが一番簡単です。そこで、結局そこへたどり着きます。

「今日はミスばっかりしてたね」「どうしてそんなにミスしたの？」「あんなにミスすると勝てないよ」

次に多い敗戦の理由は「走り負けている」でしょうか。でも、本当に相手の方が足が速かったら仕方がありません。そして、最後は精神論へいってしまいます。ですが、それは間違いなく負けたことを子どものせいにしているということです。

例えば、「相手の足、本当に速かったよ」と子どもが言ったのなら、「ということは、走るのが速い方が得やってことやなあ」「どうしたら足が速くなるかなあ」というような話をすればいいのです。子どもはどの時点で速くなるかはわかりません。今は相手の方が速い。だから「君たちはダメ」というわけじゃない。「速くなる努力をしようよ。どうしたらいいかな」と。それでいいのです。

何度も言いますが、勝たせなくてはと躍起になると大人の側も余裕が持てなくなります。そうすると、本当のこと（本質）は見えてこない。このことはぜひおぼえておいてほしいと思います。

小学校の先生の間で、子どものことを把握することを「児童理解」と言います。よい教師は児童理解が深く鋭い人です。保護者の方はもちろんですが、指導する大人たちもこの児童理解が必要です。子どもたちそれぞれの心身の成長は無論のこと、いじめなのかどうかという部分、子どもの成長過程に必要なかかわり合いの部分。子どものことをきちんと理解してほしいと思います。

『魔法6』で、「子どもの年齢が低いほど年齢の高い指導者がいるべき」という話をしましたね。Jリーグアカデミーのサッカーフェスティバルの際、何人かのジュニアのコーチの間でそのことが話題に上りました。

全員海外でのコーチ留学の経験がある人たちです。「海外の少年サッカーのコーチはみんな年上の人が多い」と彼らも私が感じたのと同じことを話していました。ヨーロッパでも南米でも60〜70代のおじいちゃん世代がたくさんいます。日本は選手の年齢が下がれば下がるほど、コーチの年齢も若くなる。「そこがよくないんだよなあ」とうなずき合いました。

企業の年功序列と一緒で、コーチ経験を積むのは「ジュニアの世代から」という暗黙の了解があるようです。私からすると何も根拠がないことなのですが、Jリーグの下部組織や古くからある大きなクラブチームはそうなっています。私の知人もドイツで勉強してきて、あるJリーグチームにコーチで入った時、「ユースをもたせてください」と頼んだそうです。でも、「幼稚園からやれ」と言われたのです。

ドイツで勉強したからといって、幼稚園の子どもを教えられるわけではありません。サッカーの技術、戦術の指導を勉強してきたのであって、子どもの教え方を学んできたわけではありません。私は、彼のような海外で勉強してきた若いコーチこそ、トップやユースチームをやっておくべきだと考えます。そこで経験を積んだコーチがもう一度、下の年齢から自分の指導を練り直す、見直すことが大切です。そんな経験を積んだコーチこそ、めぐり会った子どもたちをきっと伸ばしてくれるのだと思います。

日本の社会では今、家庭教育も不安、学校教育も不安といわれています。そんな時代に、私たち「社会教育」と呼ばれる現場にいる者には何ができるのか。そのことをぜひ、考えてほしいと思います。サッカーの技術は教えられても、児童理解に乏しいのでは困ります。もしくは、乏しくてもいいので、理解しようとする気持ちと余裕を持ってください。

「ほほう。そうきたか」。子どもの反応をそんなふうに興味を持って寄り添える瞬間がありますか？　「YES」なら、コーチとしても親としても大丈夫です。私はもう28年間にわたって子どもをみてきましたが、いまだに「そうきたか」の瞬間が楽しみで仕方ありません。

フェスティバルの会場で、私は「じゃあ、Jリーグでおれが年寄りの少年指導者第一号になるかなあ」と話しました。周りのコーチは笑いながらうなずいていました。今のところ、Jリーグでは少年サッカーコーチ最年長の座は安泰《あんたい》のようです。

「練習は1週間に10日間」と答えた少年チーム

親や指導者など、大人が余裕を持つことの必要性を話しましたが、子どもに余裕を持たせることが最も大切なことです。

ある少年サッカーの大会で、参加チームに対してアンケートを行ったそうです。質問の中に「1週間に何日練習しますか?」という項目がありました。もっとも多いチームで何日だったか想像してみてください。

答えは「10日間」です。日本の一部地域には1週間って10日あるのかとビックリしました。要するに、土日などに午前午後の二部練習をしていたり、朝練習も含めた回数なのだと思いますが、小学生に週10回練習をさせるのは明らかにオーバートレーニングです。このようなチームの子どものほとんどは、間違いなく慢性的な故障を抱えていると思います。疲労や炎症がすぐに出やすい踵《かかと》はもちろんのこと、膝などの関節部分に痛みを抱えてしまいます。サッカーで才能がより開花する中学生や高校生になった時の精神面の燃え尽き症候群も心配ですが、心より先に肉体がつぶれていたという例はいくつもあります。

逆の事例として思い出してほしいのが『魔法7』に出てきたふたりです。電話帳をめくってサッカークラブを見つけた子と、ゴールキーパーなのに「ディフェンダーです」と言って強豪校に進んだ子。ともに、小学生時代は週に2〜3回しかサッカーをしていませんでした。時間的にも精神的にも余裕があった。その余裕が彼らに未来へ伸びる「伸びしろ」を与えたのだと思います。

時間的な余裕の話をしましょう。

「どのくらいの練習量がちょうどいいのでしょうか?」講習会などでよく聞かれる質問です。

私は、練習をして試合をするという組み立てが一番いいと思います。週1回は試合がある。その1回というのは1試合という意味です。1週間に1試合。それで十分です。子どもたちは普段は学校に行きます。学校が終わってからの練習では、秋から冬は暗くなりますし平日はできないクラブもあります。平日できないクラブほど、土日に集中していっぱい練習します。そこが間違っている。平日にできないのなら土日でできる範囲にすればいいのですが、そうは考えられないようです。

質問に私はこう答えました。

「小学生だと練習は週2回、あとは試合。週2回の練習時間は60分から90分ぐらいでいいでしょう」

すると、こう返されました。

「じゃあ、土日しかできない私たちは、1日に3時間やればいいんですか？　足し算した結果、3時間になりますよね」

私は苦笑しつつ、首を横に振りました。そうではないのです。1日は60分から90分でやめておいたほうがいいのです。週に2回だろうが、1日90分の練習がマックス。子どもにとって集中してサッカーができる時間なのです。

加えて、小学生の頃からサッカー漬けという生活はおかしいと思います。例えば、週末の午前中に練習や試合が1時間半くらいで終われば、午後からは家族で一緒に過ごせるわけです。そういうことを考えなくてはいけないと思います。一日中お母さんが練習当番や試合当番で忙しくてたまらない。教えているコーチも土日のサッカー漬けで家庭崩壊寸前（!?）。それも楽しかったりするのかもしれませんが、置いていかれるほかのきょうだいや、妻子のことも考えてみてください。

そして、何よりオーバートレーニングは、子どもの未来をつぶす最も大きな要素だということを知っておいてください。

プロ選手でも一緒です。オーバーワークはいけない。〝余裕をもっている〟ことはすごく大事なことです。何度も言いますが、練習量でうまさが決まるとすれば誰もがうまくなりますね。でも、実はそうではありません。

「長時間練習すれば強くなる」神話の崩壊

日本のサッカー界では今、「長時間練習の神話」が崩れつつあります。

以前、日本のサッカーが成熟していない時代は「私立の学校で、練習時間が長くて、指導者が厳しい学校が強い」という時期はありました。でも、もう逆転しました。決してそうではありません。私立の古豪が全国大会に出てくる回数は減っています。出てきても勝つ回数は明らかに減ってきています。そして、強いチームは神話を見切って、違うトレーニングと指導に切り替えています。

大阪にある私立高校があります。高校サッカーでは有名なところです。中学部もあるのですが、進学校なので学校の決まりで週2回しか練習できません。それなのに、出場校の多い激戦地区の私学中学の大会で優勝しているのです。

この話をすると「たまたまうまい子がいたのでは?」という方もいますが、そうではありません。私の教え子も何人か入部しましたが、「あの子らが優勝したんか⁉」っていうぐらい驚きましたから。強くなった理由は、指導者の力と〝週2回〟をどれだけ集中してやっているか。時間的にも、気持ちの部分でも余裕をもって、集中してサッカーに取り組めているからだと思います。

自分自身のことを振り返っても、同じことが言えます。私は大学の頃、授業にちゃんと出てそれから練習に行く方が気持ちがフレッシュで、サッカーでいいプレーができました。反対に、授業がない日、練習だけに行く日がいやでいやで仕方ありませんでした。大学に行って急に授業が休講になると、よくグラウンドでひとりでボールを蹴っていました。周囲の連中からは「練習の虫」などといわれたりしましたが、自分ではそれを練習なんて思っていなかったのです。サッカーが好きだったから。ボールを蹴るのが、ただ、ただ、楽しかった。そんな感覚で子どもたちもサッカーをしてもらえたらいいなと思います。

特に、小学生はコーチ不在の遊びのサッカーで十分進歩します。日曜日の昼下がりのお父さんやお母さんとの遊び。朝や昼休みの校庭での遊び。ボールにふれる時間が目に見えない肥やしになっているのです。練習は週2回しかないけれど、他の日もサッカーをやってる。でもそれは好きだし、楽しいと思ってやっているわけです。ブラジルやヨーロッパの子どもも、ストリートや公園でいつも「遊びのサッカー」をしています。

ところが、日本の多くの子どもは「やらされてるサッカー」なのです。

そこが違うのではないでしょうか。

「なくすと困るから」
電車の切符を大人が
持ってあげて
いませんか？

魔法9

自立させる

「できること」ではなく
「経験すること」を重視しよう。

子どもが自立するチャンスを奪う大人

最近は、入社式に「保護者同伴で来てください」と案内を出す会社があるそうです。会社側が最後に保護者に向かって「朝、必ず起こしてあげてください」とお願いするらしい。驚きます。それで社会人といえるのだろうかと思います。

いまどきの子どもたちは自立心が育っていません。「将来、ひとりで生きていけるのかな」と心配になる子がたくさんいます。

小学生を連れて試合に行くと「コーチ、切符はどうやって買うの?」と尋ねる子がいます。高学年でもいます。電車に乗る時も親が切符を買って渡すようです。改札を通ったら「落とすから。お母さんが持っておくわよ」と回収する。降りる時も「ここよ」と声をかけて降ります。すべてが親掛かりで、子どもは何も考えなくても生きていけるようになっています。

私は、大人が子どもの自立するチャンスを奪っているような気がします。そこのところを変えていかなくては、子どもはいつまでも自立できません。「できるかできないか」ではなく、経験することを重視してほしいと思います。自分で目覚ましをかけて起床し、遅れないよう出勤することさえできない大人に育ってしまいます。ですから、子どもにサッカーを教える私たちは、サッカーの技術だけでなく、子どもの自立心を高めることも指導の一環と考えています。

ジェフのジュニアユースのある学年は中1の夏合宿を兵庫県で行いましたが、あるコーチの発案でチームで初めて現地集合・現地解散にしました。

条件はふたつ。

①複数でグループを作って来ること。

②途中で観光旅行をしてから来ること。

グループごとに計画を立てて、それを親やコーチにも見てもらいます。「途中大阪で降りて、たこ焼きを食べて来ました」という子たちもいたそうです。その子たちはそれ以降、どこで試合があってもすべて自分たちで来るようになりました。基本的に現地集合・現地解散。自分たちでどこでも行きます。よく調べたら次の駅からバスがあるのに一駅手前で降りて、「こっちの駅から歩いて行けるぞ」と2時間かけて歩いて来る。ちゃんと時間通りにやってきます。

その子たちは2006年の夏、農業体験もしました。千葉県南部の旭市というところで、一軒の農家に数人でホームステイをさせてもらいながら農作業をするのです。他人のために何かすることや、働くことの意味といったものをわかってほしい。それが狙いです。そんなことがわかってくると、サッカーも変わってきます。そのチームはすごく面白くて、夏休みは裁判所へみんなで行きました。裁判の傍聴をして、その後自分たちで擬似裁判をしました。広い視野を持てる人になってほしいという担当コーチの願いのもと、このような体験をたくさん積んでいるのです。

グラウンドに何度もあいさつをさせる大人

少年スポーツの指導者は何かを「やらせる」「できるようにする」ことに一生懸命になりすぎるように思います。

しつこいほどグラウンドであいさつをさせるコーチがいます。「グラウンドに礼!」「保護者に礼!」いったい何度あいさつさせたら気が済むのでしょうか。以前、ある講演会でそんな話をしたことがあります。

グラウンドにあいさつしても相手は返してくれません。グラウンドは声を出しません。あいさつは何のためにするのでしょうか。日本はあいさつをするのが礼儀ということになっていますが、お互いをお互いが認めてほしいという願いがあるからではないでしょうか。顔を合わせて「おはよう」と言った時、相手が「おはよっ！」と返してくれたら安心するしうれしくなります。

その講演会で実験してみました。

「みなさん、これから10秒間周りの人に会釈してください」

会場にいた方はみんな笑い始めました。「えーっ、そんなことするの？」と言いながら笑っていました。

「じゃあ、やりますよー。よーい、ドン！」

すると、みんなニコニコして楽しそうに会釈を始めました。ユーモアたっぷりに深々とお辞儀する人もいれば、恥ずかしそうに苦笑しながら頭を下げる人もいました。10秒たって「どうですか？」と尋ねました。

「あいさつってこういうことですよね。ニコニコして話し出しましたよね？　なのに、どうしてグラウンドにあいさつするんですか？　グラウンドはなんにも返してくれないし、グラウンドを整備するのとは意味が違いますよね。使ったからきれいにしましょうというのとあいさつするのとはちょっと意味が違いますよね」

みなさん、笑顔でうなずいていました。

学校で「おとどけ隊」が指導を行った後、われわれが子どもたちに「気をつけ～！　ありがとうございました！」と頭を下げると、子どもたちも「ありがとうございました！」とあいさつします。私たちはこれでもうおしまいだと思うのですが、先生は「はい、もう一度、コーチの方向いて！」とやる。今しがたあいさつしたばかりなのに。

少年サッカーでも同じです。練習や試合が終わると、「お当番のお母さんに礼！」「コーチに礼！」「応援に来た保護者に礼！」……。横一線の不自然な一斉の礼ではなく、終わったらみんなひとりずつ握手して「頑張ったね！」と労をねぎらえばそれでよいのではないでしょうか。

大人が促してあいさつをさせても、そこから育つものはあまりないと私は思います。

それよりも大人がよい手本となることが大切で、その姿を見て子どもは育つのだと思うのです。子ども自身が大きな達成感を感じた時、寄り添ってくれた指導者に感謝の気持ちが湧いて「コーチ、ありがとう！」と握手をしにいく方が育つものは多いでしょう。うれしい時、人は無意識のうちに抱き合って喜び合いますよね。「やった～！」と抱き合う、握手する。喜びを全身で表現できるほうがずっといいことだと思います。

あいさつは大体コーチがやらせています。加えて、そのやり方にも文句をつけます。あの子が帽子を取っていないとか、声が小さいとかで何回もやり直しをさせている光景を見ます。やらせている方が、周りのほかの大人から「きちんとしているチーム」と見られたいという自己満足がそこには介在しているように見えます。子どもの成長とは関係ないような気がします。

スポーツの本質を取り違えていませんか？

あいさつ同様、スポーツの本質を取り違えている大人が多いようです。

ある市の指導者講習会で、剣道をされている人が礼儀の大切さについて熱っぽく語っていました。まず礼儀を重んじる心があって、そのうえで「基礎」が大事だと。基礎は苦しんで、苦しんで身につけるもので「スポーツに楽しいことなどありません」とおっしゃいました。

そこで私、手を挙げて質問しました。

「すみません、ちょっと待ってください。剣道でも例えば自分の思い通りに面が打てた瞬間はうれしいんじゃないですか？　そういう喜びを味わいたくて剣道をやってたんじゃないんですか？」

そうするとその方は、「そういえばそうかなあ」と目線を天井に向けて考え始めました。「苦しいことに耐えるために剣道をしていたわけじゃありませんよね？」。

「なるほど。確かにそうですね。うまくできたりした時はうれしかったです」とその方は言います。

「だったら、そこを大事にしたほうがいいのではありませんか？　とにかく苦しめ、ということではないでしょう」

日本のスポーツに対するイメージは、いまだに「耐える」「苦しむ」「我慢する」という感覚が強いようです。そして、大人のそういった我慢を強いれば強くなるという古い感覚が、子どもに悪い影響を与えているような気がしてなりません。

ある少年野球の強豪チームはAチームとBチームに分かれています。Aチームは試合に行く時、何も持たなくていいそうです。自分のバットもグローブも何ももたずに手ぶらで行きます。Aチームの子どもたちの道具はすべてBチームの子が持っていくのです。

そこでBチームの子どもたちにコーチがいうセリフは「おまえたち、悔しかったら練習しろ」です。

それが少年スポーツなのでしょうか。これはもう自立を促すとか奮起させる以前の問題で、非常に大人の古い価値観だけで子どもを動かしている典型だと思います。自立を阻むと同時に、無駄な序列を作って子どもの中に階層社会を持ち込んでいます。

「バットやグローブを運んだ子どもの中に、「あれに耐えたから奮起して練習して上達できた」という子が本当に出てくるのでしょうか。万が一そういう子がいたとしても、方法論として正しいのでしょうか。前に高校野球での不祥事がマスコミをにぎわせましたが、小学生のところでも理不尽なことがたくさん起きていると感じています。

「サッカーをしている時はお父さんと呼ぶな。コーチと呼びなさい」

自分の子どもにそんなことを命じるお父さんコーチがいます。わが子を自立させるためなどと言いますが、実際何かいいことがあるのでしょうか。私も娘のチームを少しの間みたことがありますが、娘はサッカーの時も「おとうさん、これ教えて！」なんて普段通りに言ってました。ほかの子からも、「池上コーチ」ではなく「まりちゃんのお父さん」と呼ばれていました。私はその方が自然でいいなあと思っていました。

コーチだからといって、そんなに構えてよろいをつけなくてもよいのです。私はひとりのサッカー好きの人間ですよ。みんなもそうだよね——。そんなスタンスでいい。親子だからといってあまりとらわれないでください。もし、お父さん自身（お母さんコーチもいますね）がそんなにとらわれるなら、違う学年のチームをみたらいかがでしょうか。逆に自分がやりにくさを感じずに、周囲も違和感がなければ「〇〇君のお父さん」「〇〇ちゃんのパパ」でまったく問題はないと思います。

スポーツ以外でも、親子関係と師弟関係の切り替えをしている人はいます。知人のピアノの教師は、わが子のレッスンをする時に子どもを裏口から出させてわざわざ玄関に回らせるそうです。「ピンポーン♪」と入ってこさせる。その瞬間、先生と生徒になるわけで、そこで気持ちを切り替えるそうです。これはごく個人的な問題なので、本当にそれがいいのかはよくわかりません。

子どもの自立をはばむ「かわいそう思想」

障がい者や何か困難を抱えている人に対して、日本人はよく「かわいそう」という感覚を持ちますね。私は「かわいそう思想」と呼んでいるのですが、そういう思いから起きるエネルギーはあまりいいことにはつながらないような気がします。

千葉駅の構内を歩いている時、白い杖を抱えている目が不自由な女の子がいました。みていると、サラリーマン風の男性が助けようとするんですね。ホームからずっとついていって、改札を出る時は外にいる別の人にリレーを頼んでいました。親切心だと思います。でも、私の目からはその子はひとりで頑張ろうとしているように見えました。表情や動作から「自分ひとりで行くんだ」という強い決意が見えました。私は助けようとしないほうがいいと感じたのですが、そのサラリーマンの人はかわいそうだと思ったのでしょう。

真実は誰にもわかりません。ただ、かわいそう思想だけで動くのはよくないと思います。例えば、親が自分の子どもに対して動く時も同じです。その子がかわいそうだからと思って親が動いてしまうと、よくいわれる過保護、過干渉になってしまいがちです。

子どもがサッカーをしていて、ちょっとでも「(チームメイトに) 文句をいわれた」とか、「休みたい」とか言われるとあわててしまう親御さんがいます。「そんな気持ちで続けさせるのはかわいそう」と思ってしまう。子どもは気持ちがついていかない時もあれば、やりたくない時もある。そういう時に、「やりたくない時はやらなくてもいいよ」と言ってほしいのです。

「一度休んだらズルズルいっちゃうよ」とか、「中途半端はダメだ」と言ってしまいがちです。「じゃあ、他にどんなことがしたいの?」と問いかけてみてください。そこがある意味、自立へのトレーニングにもなります。子どもだからいろんなことしたらいいのです。ひとつのことだけでなく、いろんなことをやるのも実は継続なのです。サッカーの代わりにスイミングに行き始めて、またサッカーに戻ってくるということは継続なんです。

大人が見ると点線のように切れてるように見えるけど、子どもの中では一本の線でつながっています。ひとりの子どもが自立する「成長」としての線。そんなふうに見てあげてほしいと思います。

一方で、野球とサッカー、バスケットとサッカーというように、ふたつのスポーツをやっている子もいます。高学年になると、コーチも親も「どっち？　どっちにするの？」と問い詰めるケースが多いようです。お母さんとしては、子どもにとってハードなのではないかと感じることもあるようです。でも、子どもが両方やりたいと言うのなら、「やれるだけ、やってみたら？」と言ってほしい。「じゃあ、お母さん協力するよ。何をしてあげたらいい？」そんな話し合いができたらいいですね。

生きる道を決める自立ポイントは中学生

私の長女はすでに社会人になりましたが、小学4年生からサッカーを始めました。中学生の時、身長が160センチを超えました。これはチャンスかもしれないと思いました。

「おまえ、真剣にサッカーやらへんか？」と言いました。なぜかというと、女子で160センチあって真剣にやり始めたら、ワールドカップへ行けると思ったからです。男子は簡単ではないですが（笑）、まだ競技人口の少ない女子は体格がよくて運動能力があればかなり可能性はふくらみます。

ですが、小学生の時代には言いませんでした。なぜかというと、自分でそんなことは決められない年齢だからです。親に言われたら、そう思ってしまう年齢ですよね。親に何かやりなさいと言われたら「ハーイ」と言いますから。自分で考えて決めずに親が決めた道に進んでしまったら、その先で一番困るのは実は親です。ずーっとサポートしなくてはいけませんから。今の文部科学省がいうところの「生きる力を育てる」

ということに反しています。少しずつ自立して自分で生きなければいけません。私は娘の自立ポイントはここかなと思ったので尋ねてみたのですが、「そんなん、やりとないわ」と言われました。「私は楽しむサッカーでいい」と言い切りました。私はそれ以上、追及しませんでした。「ああ、そう。じゃあいいよ。楽しんでね」と言いました。

これは手前味噌になりますが、その娘は鉄道会社に就職しました。入社式の前日、早起きして出かけました。あとで知ったのですが、大阪で数年前に悲惨な鉄道事故があった現場に行って手を合わせて来たということでした。翌日、入社式に出たそうです。誰に促されたわけでもなく、自分の中からあふれた思いに従って手を合わせに行ったのです。

私もみなさんと同じように親として悩みながら、紆《う》余《よ》曲《きょく》折《せつ》を味わいながら子育てをしてきました。妻にその話を聞いた時、「巣立っていったな」と胸が熱くなりました。

能力別に
チーム分けするのが
よいと思い込んで
いませんか?

魔法10

和をつくる

同じ能力、同じ年齢で構成せずに、
「異の集団」で子どもは伸びる。

仲間がほしくなさそうに見えた中田選手

ジェフが小学生のチームを持っていた時代に、市原市の大会に出場したことがあります。私は高学年の試合でベンチを務めましたが、15対0くらいで一方的な展開でした。

相手のゴールキーパーは自分の頭の上に飛んでくるシュートが取れません。手に少しは当たっているのですが止められない。その時のゴールキーパーはあまり運動が得意ではない子どもでした。だから頭上のボールは厳しいですよね。でも、そのチームのコーチは入れられても、入れられても、その子に何も声をかけない。守っている仲間も選手も「また、おまえのせいで……」という感じでキーパーの子を見るわけです。「ドンマイ」という仲間同士の励ましあいも、「取り返そうぜ」という前向きな言葉も聞かれません。チーム全体がズーンと暗い雰囲気でした。

これでは子どもがかわいそうですね。私はそのコーチからキーパーの子に声をかけてほしかった。「いやぁ、惜しいな。手に当たってるぞーっ！　次はもう少し手に力入れたら取れるかもしれないぞ！」そんなふうに励ましてあげたらいいのにと思いました。でも、コーチはひたすら黙っています。相手チームは私たちが指導をしたことがあるので、指導者も子どもたちもよく知っていたのですが、公式戦だったので、戦っている相手ベンチにいる私がその子に「大丈夫かーっ！」と叫ぶわけにもいきません。

チームのコーチが「楽しむ」ということを念頭においていれば、違うサッカーになるのに。今にも涙がこぼれ落ちそうな目で、それでも一生懸命手を広げてゴール前で構えているキーパーの子を見守りながら、私は残念でなりませんでした。

少年サッカーの大会を見ていると、子どもの中に励ましあう雰囲気のあるチームのほうが圧倒的に少ないです。小さい頃から一緒にサッカーをやっているクラブの仲間なのに、どうしてでしょう。同じ小学校に通っている子が多い少年団なのに、なぜでしょう。

それは、指導者がチームの中に競争原理しか持ち込んでいないからではないでしょうか。勝つことばかりにとらわれて、子どもが自分はチームの一員なんだと認識する帰属意識（ロイヤリティ）を高める作業をしていないようです。チームワーク、「仲間を感じる」という感覚が、子どもの中に育っていないような気がします。このことは指導者講習会やさまざまな集まりでも、近ごろたびたびテーマになります。

指導者だけでなく、お母さん、お父さんもそういった視点から一度子どもたちの姿をみてほしい。サッカーという集団スポーツを体験する大きなプラスアルファは、仲間を感じて「和」が学べることです。今の子どもたちに非常に欠けている部分でもあります。

同じクラブにいるのに、名前がわからなかったり、よく知らなかったりします。規模の小さいクラブでも、学年が違うと名前を知らない子がいたりして名前と顔が一致しません。さらに、同じ学年でも能力別にAチームとBチームに分かれて練習していて、AとBの親同士が話さえしないクラブもあるそうです。そんな状態では、子どもに何のためにサッカーをさせているのかわかりません。

『魔法5』で紹介したブラジルの手つなぎサッカーを覚えていますか？　ふたりで手をつなぎながらボールをコントロールするこのやり方は、「仲間を感じる」トレーニングでもあります。ブラジルの子どもたちは、手が離れて普通のサッカーをする時でも、いつも周りの子を感じつつサッカーをやっているように見えました。

対する日本の子どもは、仲間を感じられずにひとりたたずんでいるように見えます。少子化で異年齢の子とふれあう機会が激減しています。核家族化、地域社会の崩壊などもこの問題に拍車をかけています。「仲間がほしくない」「ひとりでいいんだ」という子が多い状況では、チームゲームであるサッカーをすることは徐々に不可能になってくるのではないでしょうか。

余談になりますが、かつて中田英寿という偉大な選手がいました。プロになりたてのころの彼こそ、仲間がほしくなさそうで「ひとりでいいんだ」と思っているように見えました。でも彼も現役生活の後半にヨーロッパで苦労した結果、仲間が大事だということがわかったのではないでしょうか。日本代表の中でも一生懸命に周りに働きかけているような様子がうかがえました。

ただ、結果には結びつかなかった。もちろん、彼のせいだけではありません。日本の選手全員にチームの和を構築する部分で何か欠落したものがあったのだと思います。

中田選手は気づくのが遅かったのかも知れません。帰属意識やコミュニケーションの重要性がもっと早くからわかっていれば、違う状況があったと思います。

集団スポーツを体験した人が、よく「一緒にやってきた仲間が財産です」と話すのを聞きませんか？　単なる競争相手で終わってしまうのでは、あまりに悲しすぎますね。子どもたちがいつか仲間の有難みを実感できるためにも、大人は「和をつくる」ことを意識してやってほしいと思います。

異年齢の集団でサッカーをするメリット

日本では、少年サッカーチームの多くが同じ学年の子だけで練習しています。一方、欧州や南米では2学年が一緒に練習することが通常ですし、ストリートサッカーのようにもっと幅の広い年齢で楽しんでいることもよくあるのです。

みなさん、同じ学年や年齢、同じレベルの子だけで練習するほうがうまくなると思っていませんか？　日本ではずっとそういわれてきました。でも、実はそうではありません。さまざまなレベルの子がいる中で育つほうが、間違いなくうまくなります。

全員丸ごとうまくなります。

まず、うまい子が異年齢の集団でやるメリットを説明しましょう。

同じ学年でやっていると、そこには競争しかありません。競争は序列をつくります。そして、ある程度実力差が出てきて序列ができてくると、トップの地位に位置付けられた子はだんだん天狗《てんぐ》になっていきませんか？　例えば、3年生で一番うまい子はチームで一番うまいわけです。でも、そこに4年生がいたらどうなるでしょう。天狗ではいられません。チームで一番ではなくなります。

子どもを見ていると非常に面白いです。一緒にプレーしててこてんぱんにやっつけられたら、相手が自分より上の学年だとしてもその場面ではとても悔しがります。あとで「だって、相手は上の学年の人だもんな」と悔しまぎれに言ったりしますが、やられたその瞬間はキッと目をつり上げむきになります。負けず嫌いの子ほど平静を装いますが、みんな悔しいことは悔しい。そういう場面をたくさん作ってあげたほうが、子どもたちは伸びるのです。

加えて、力の差が大きいと能力が高い子のほうが伸びないのではないかと思いがちですが、それは違います。足が速くて技術もある子が、足の遅い子が間に合うようなパスを出してあげたり、試合でその子のぶんもカバーしようと集中し、懸命に走ったりするようになります。

逆に、能力がまだ追いつかない子はうまい子を真似するので、よい成長の場になります。ですが一方で、うまい子に遠慮したりすぐパスをしてしまって頼ってしまう部分も出てきます。そのあたりは、今度は下の学年と一緒にミニゲームをやらせたりすることで解決できます。学年が下の子とプレーすることで、自分も対等以上にやれて自信がつきます。相手は年齢が下であっても、うまくできたプレーのイメージをつかんだことには変わりありません。

例えば、私はクリニックなどでよくシュートゲームをします。1対1で向かい合って相手の足の間がゴールになります。1年から6年までいる時は、全員を集めてやります。ルールは下の学年が決める。上の学年の人は絶対従ってくださいという規則にします。

「はーい、どうぞ」というと、1年生は6年生にめちゃくちゃなディス・アドバンテージを与えます。自分の時は1メートルぐらいにして、6年生の時は「はい、もっと離れて〜」と言います。それに6年生は従うわけです。

それを繰り返していくと、1年生も「ぼくらが有利すぎてもつまんないじゃん」ということに気づいてきます。必ず勝てるルールばかりだと勝っていてもワクワク感がなくてつまらないわけです。そのうち、もしかしたら負けるかもしれないギリギリの差にしたり、自分たちも頑張らないといけないようなルールを作り出していくのです。「6年生、難しいのかな。じゃあ、もうちょっと前で蹴ってもいいよ」なんて、1年生がえらそうに言います。6年生も1年生に「いいよ、いいよ。おまえらもう少し前からでも」と余裕を見せたりする。

私はそんな上下関係をクラブの中に作ってほしいなと思います。

負けず嫌いな子ほど異年齢で成長する

さらにもうひとつ、異年齢でサッカーをさせるメリットをお伝えしましょう。

以前、あるお母さんコーチの方からこんな相談を受けました。3年生のチームをみているのですが、ミニゲームをするとしょっちゅうケンカになるそうです。また、自分のチームがリードされたり負けたりすると泣き出してどうにもならない子がいるそうです。「負けず嫌いはすごくいい部分だから伸ばしてあげたいのですが、ミニゲームの中でそうなってしまった場合どう対処したらいいかが難しいのですが」と悩んでいました。

「まあ、泣いててもらったらいいでしょう」と答えました。負けず嫌いな子は、言葉を変えれば感性が鋭い。感受性が鋭いわけです。年齢が上がるにつれ情緒面も発達しますが、あまり感じない子もいます。負けず嫌いで感受性が強い子は、周りの人間、仲間を信じられないところがあります。

「ぼくがこんなにやってるのに、なんでみんなちゃんとやらないんだ！」と思い、カッとなる。鈍い子はそんなふうに混乱するチームメイトを見て「何言ってるんだ？ こいつ、ヘンなヤツ」としか思えません。

私がサッカー教室をやっている時でも、仲間の出来不出来に嫌気がさして「もう嫌だ！ 帰る！」と言い始める子がいます。私は「はい、さよなら。帰ってもいいよ」

と手を振ります。ですが、本来日本の子どもは真面目です。こちらが「さよなら」と言った途端、ビシッとして「ボクやるから！　お願いやらせて！」となります。「もういいから。本当に今日はやめといたら？　家に帰っていいよ」と言っても、「やっぱりやる！　やらせてください」と今度は懇願《こんがん》したりします。

こういう子は大人が目をかけすぎている子です。泣き出しても、感情的になっても、ある程度の時間はほっとけばよいのです。大人があわてて「悔しいけどがんばろうよ」なんて構ってしまうと、自分で感情コントロールする力はなかなか身につきません。大人のほうが泰然自若《たいぜんじじゃく》としていれば、子どもも次第に落ち着いてきます。

同学年の中にいるからエゴイストになるのです。こういう負けず嫌いの子こそ、上の年齢や下の年齢の子たち、異年齢の集団でやらせるとよい効果が得られます。上の子には遠慮がありますし、何より体格もよくて力も同等以上の相手にいらつくこともなくなります。持ち前のプライドと自尊心で、ついていこうと必死になります。逆に年が下の子であれば、一緒にプレーしていてミスされても弟分ですから同年齢の仲間に比べればそんなに腹は立ちません。「縦の関係」になると、子どもは他者を信頼し、思いやることの大切さを身をもって学ぶのです。

このように、縦割りの異年齢の関係を築くことで、賢くて、やさしくて、強い子どもが育つのだと考えます。

私たちが、何のために子どもにサッカーを教えているのか。

お父さんやお母さんが、何のために子どもにサッカーをさせているのか。

突然尋ねられると、漠然としていて誰もが答えに窮するテーマですが、その目的はここに集約されているといっても過言ではありません。

他者を信頼し、思いやることのできる子ども。

賢くて、やさしくて、強い子ども。

少なくとも、私はそれを目指して子どもに接していきたいと思うのです。

同じ学年の「箱」の中にあるいじめの構造

サッカー以外の場所でも同じです。異年齢の集団で、子どもの心は育ちます。

私の娘は小学3年生の時学校に行きたくない時期がありました。「どうしたん?」

と聞いても、何も言いません。その時、私は娘に「強くなってほしい」という気持ちが前面に出てしまいました。

「何か問題があるのなら、自分で担任の先生に言いなさい」

「どうしても言えなかったら、お父さんが言いにいってあげる」

そんなことしか言えなかったのです。しかし、その言葉で娘は学校には行きました。そんなことがあって以来娘は私に学校のことは何も話さなくなったように記憶しています。私は親の考えだけで、子どもの気持ちを聞けなかったのでしょう。

私は、どうしてうちの子は学校に行きたくなくなったのか、そして、なぜ再び行けるようになったのかを知りたくて、いろいろ考えていました。何日か経ってからわかったことなのですが、娘はいじめられていたということがわかりました。ついで、そこからどう生き返ったかという理由を探ったら、「学童保育」という場所にたどり着きました。

共働きなので学童保育に入っていたのですが、学童保育の中には友だちがたくさんいます。学年が上の子もいれば下の子もいて、仲のよい友だちがいっぱいいました。

クラスには友だちがいなくて教室の中は楽しくないけれど、学童に行くと本当に楽しい。学校での休み時間も校庭に出て、クラスの子ではなく学童の子たちと遊んでいました。

娘は自分の居場所を見つけたわけです。それで、学校にも行くようになった。学校が終われば学童に行けますから。その後、クラス替えなどもあって、2年ほどしたらほとんど問題なく学校に行くようになりました。

娘は学童保育の友だちに救われたのです。その友だちも同じ学年ではなく、下だったり、上だったり。異年齢の子どもたちでした。

個人的な意見ですが、いじめは「同じ箱」の中に原因があるような気がします。今、子どもたちは同じ箱、いわゆる同年齢での教育が主です。例えば、3年生ならその学年の中で、できる子・できない子がいますね。勉強もそうですし、スポーツもそうです。そうすると、できる子は飛び出る。飛び出ると目立つので、ちょっと関係がこじれると集中砲火を浴びることがあります。なので、今の子どもたちはクラス委員長といった「長」になりたがらないと言いますね。リーダーになれる力をもっているのに、それを出さないようにすることが子どもたちが教室で生きていく術になっている。子どもの集団が、とてもいびつな世界に成り果てているのです。

逆もあります。みんなができることができない。足手まといになる。できる子とは逆の意味で枠を飛び出してしまう。そうすると、その子も集中砲火を浴びるのです。みんなが枠から出ないように、窮屈な思いをしながら、強いストレスを感じながら「同じ箱」の中に入っている。これでは、リーダーシップをとれる子は育ちません。他人と違う豊かな発想をする子も育ちません。信頼も、思いやりも、賢さも、強さも、やさしさも育ちにくいと思うのです。

私はジェフの「おとどけ隊」で、千葉県内の小学校や幼稚園、保育所などを回ります。驚くことに、どこへ行っても、このような構造か、それに近いものになっているのです。今の子どもたちは、とにかく枠からはみ出さないよう息を潜めています。

例えば、「じゃあ、みんな、こっちに集まってくださーい」と声をかけますね。すると、以前なら「おーい、こっち、こっち、こっち！」と手招いてみんなをリードできる子がいました。今は、集団で動いている時に大きな声を出せる子があまりいません。

「これって、大人の社会と同じかも」

お父さんもお母さんも、会社勤めをしている方はこう感じませんか？　目立つとはじかれる、会議ではみんな黙ってしまう。余談になりますが、大人の多くの企業社会と似ているように思います。

もう一度、子どもの異年齢の社会の話に戻りましょう。

本来、子どもは「デコボコ」です。できることもあれば、できないことがあって、出っ張っている部分があれば、へこんでいる部分もあります。

例えば、２年生の「出っ張っている子」は、２年生の箱の中では生きにくいけれど、３年生からは認められます。３年生の「ちょっとできない子」は、３年生から否定されるけれど、２年生からは認められます。もし、上が出っ張っていて下がへこんでいるデコボコの積み木があったとしたら、縦に積み上げていくとデコボコが見えなくなりますね。

このように縦に積み重ねていってはどうでしょうか。デコボコの積み木をひとつの箱にバラバラに詰め込むのではなくて、隙間を埋めて積み重ねてあげるのです。

そうすると、みんながそれぞれの力で楽しくサッカーに取り組めるようになります。そんな仕組みがあれば、いじめもなくなるんじゃないかと私は思うのです。しかも、縦の関係で刺激し合いながらサッカーもうまくなります。

そのように視点を変えて、チーム編成を見直してみてください。常に学年別ではなく、常に能力別ではなく、いろいろなかたちのいい環境をつくってあげてください。

「何やってんだ！」
大量リードされたら
怒鳴ってませんか？

魔法11

問いかける

指示するのではなく、問いかけること。
子どもから答えを引き出そう。

リードされたハーフタイム。有効なアドバイスとは？

少年サッカーをみていると、よくこんな場面に出くわします。

力の差が歴然としているふたつのチームが戦っていて、弱いほうのチームが1点リードされるとします。ここでコーチはベンチからいろんな指示を出します。「もっとバックラインを上げろ！」とか「裏のスペースに気をつけろ」とか。主に失点された形を繰り返さないようにする指示ですね。

けれども、力の差があるのであっという間に2点目を入れられてしまう。すると、ミスした子どもを交替させたりする。そして、ベンチの声は「がんばれ！　気合い入れろ」とか「負けるな！」とか、だんだん抽象的な言葉に変わっていきます。

次に3点目を入れられた時点で、それはもう罵声《ばせい》のオンパレードになります。ベンチがもうサッカーをしなくなるのです。サッカーをしなくなるという意味は、コーチが激しく感情的になっているわけです。要するに、具体的なアドバイスとか励ましの声は出てきません。

大量失点して、誰よりもどうしたらいいんだろうと動揺し焦《あせ》っているのは、こてんぱんになりながらもピッチで走り続けている子どもですよね。でも、応援に来たお母さんやお父さんまでカッカしてぶち切れている。そんな光景をよく見ます。

「池上さん、私はサッカーは素人なので、負けているときにうまく修正できないんです」。講演や講習会を開くと、よくサッカー未経験の、俗に「お父さんコーチ」と呼ばれる方が、そう言って悩みを打ち明けてきます。でも、途中で試合の流れを変えるために悪い部分を修正するなんて、日本代表の監督だって苦慮しているんです。小学生がやる少年サッカーで、コーチが「自分が流れを変えなくては」なんて思う必要はありません。

では、何をすればいいのでしょうか。

私の答えは「いつも子どもたちに問いかけましょう」ということです。「今、このままでいいですか?」と子どもたちに問いかける。子どもは「よくない」と恐らくうつむき加減で答えますね。「では、どう思いますか?」と尋ねてみる。「君たちのサッカー、うまくいっていますか?」という問いかけです。

すると、子どもたちは自分なりの考えを口にし始めます。「中盤の人が下がりすぎているから、真ん中にスペースができちゃう」とか、もっとシンプルに「相手より先にボールがさわれてない」とか、いろんなことを言い始める。1~2年の低学年でも何かしら言います。中学年から高学年になると、もう自分たちのことはある程度わかっています。

なので、コーチは子どもたちの意見が出尽くした後に、それを全員がわかりやすく言葉を整理して伝えなおすだけでいいのです。「中盤は後ろのこと気にせずに思い切って攻撃に飛び出していいよね」などといったように。「じゃあ、後半はここところに気をつけてやってみよう」とポイントを絞ってあげるのです。

それだけで、子どもは変わります。コーチから一方的に指示された修正点よりも、子どもは仲間の口から出た言葉や自分が話したことのほうを、忠実にやろうとします。

子どもが自分たちで答えを出し合ってうまくいった例は、いくつもあります。以前、私はYMCAで6年生の選抜チームを連れてある大会に出場したことがあります。私は大会の主催者だったので、進行に関わらなくてはなりません。なかなか彼らの試合の準備ができませんでした。ですので、「メンバーも自分たちで決めてやってごらん」と言いました。

すると、子どもたちは生き生きと、ああでもない、こうでもないと自分たちでメンバーを決めていました。うまい子とそうでない子をうまく組み合わせて、前半と後半の戦力が変わらないよう配置していました。試合をする直前、輪になって私が何か言おうとすると、「池上コーチ、もう作戦はできました。何も言わなくていいよ。僕らだけでやれるから」と言うのです。「おお、そうか。そうやな。自分らでやってみろ」と送り出しました。

予選リーグの1試合目が始まりました。前半は0対0でしたがやや劣勢でした。ハーフタイム。「どうしたらいいと思う？」とみんなで頭を寄せ合って、すぐに話し合いが始まりました。ベンチにいた子が「あそこのスペースが空いてるから攻めよう」などと話し始めました。ピッチでプレーしている子が気がつかないことを、ベンチで戦況を見守っていた子たちが指摘するのです。よく、ベンチにいてコーチと一緒になって怒鳴ったり、「何やってんだよ！」と仲間のプレーに憤る子がいますが、その子たちは「どう戦ったらいいのか」ということを具体的にずっと考えていたわけですね。

そして後半の作戦（子どもたちはこう言いますね）というか修正点が明確になると、後半出場する子どもたちはみんなの頭脳を集結した策をしっかり理解して、ピッチへ出て行きました。結局、その試合は勝利し、そのチームはあれよあれよという間に決勝進出を果たしました。さらに、決勝では強豪といわれる相手に勝ってしまったのです。優勝にみんな大満足でした。

勝利よりも敗戦のほうが得るものは大きいといいますが、こうやって子どもが考えられる範囲で考えさせると間違いなく彼らのプレーは進化していくわけです。

大人が気づいたり考えていることを、子どもが先に気づいたり考えられるわけがない。だからこそ大人は待ってあげて、子どもたちに見つけさせてあげる。子どもたちがいつでも「自分で見つけよう」「自分で考えよう」と思うように育てるだけで、間違いなくうまくなります。

負けているときのハーフタイム。あなたは炎天下で子どもたちを立たせたまま、自分はベンチにどっかり腰を下ろして抽象的な言葉を並べ立ててはいませんか？　万が

一、指示が具体的だったとしても、子どもたちに十二分に理解させ、浸透させているでしょうか。

子どもたちに問いかける。答えを引き出す。一方的な指示命令ではなく、子どもたちと対話する。練習の時からその作業をしてください。そうすれば、必ず子どもは伸びます。

サッカー未経験でも、素人でも、一流の少年サッカーコーチになれます。場合によっては、私は素人の方のほうがコーチとして「伸びしろ」があるのではないかと思います。伸びしろというのは成長する可能性です。よく少年期にテクニックに頼りすぎたプレーをしたり、本人が天狗になってしまっていると「あの子はもう伸びしろがないね」などと大人たちはよく言いますね。

でも、コーチも子どもたちと一緒に日々成長し、変化していかなければなりません。子どもにもプレーヤーとして伸びしろがあるように、大人もそれを持たなければ子どもにとってマイナスのコーチでしかありません。

厳しい言葉ですが、子どもをつぶしてしまう大人になってしまうのです。

中途半端にサッカーをやっていた人が、一番危ない

たくさんのコーチを見ていて思うのは、「サッカーを教えなければ」という気負いが強すぎると感じています。

「自分は本格的にサッカーをやったことがない。でもコーチという名前をもらったから、しっかり教えなくちゃいけない」

先ほどの悩みを訴えてきたお父さんコーチのように、多くの方がそう思い込んでいます。

「コーチ像」とでもいいましょうか。野球や他のスポーツでもそうですが、指導者という存在は、いつも一方的にしゃべって指示命令を出しているイメージが一般的です。今指導している人たち自身が、そういうイメージのコーチに教えられてきています。一種のイメージの刷り込みですね。

なので、そのイメージをひきずったまま、自分も上に立って子どもたちに何か指示しなくてはいけない、教えていかなくてはと気負っている。そういうところがあります

ぎるから、子どもに対してどんどん厳しくなっていくのでしょう。でも、そこが「落とし穴」だと思います。

落とし穴に気をつけなくてはならないのは、サッカー未経験者ばかりではありません。私はよく「中途半端にサッカーをやっていた人が、一番危ない」とコーチの方に言います。

「中途半端にサッカーをやっていた人」というのは、中学校や高校までやっていたとか、大学でやっていたという人々です。彼らは基本的な技術やフェイントを実際に見せてあげられたりと、少年サッカーコーチとしていい部分もたくさん持っています。

ところが、練習などで低学年の子に「スペースに走り込め」とか、「そこでタメをつくれ」などと平気で言います。「スペース」が何を意味するのか、「タメ」がどういうことなのか何も説明もせずに、できなかったら叱るだけ。素人じゃない人は、自分が知っていることはみんな理解できると思いがちです。もっと大きい中・高学年の子に「おまえたち、そうじゃなくて、ここがあれでしょう」みたいなこと、プレーの選択の良し悪しを言っても、子どもにはそれが想像できない。でも、指導している本人はそのあたりは未確認のまま、どんどん自分だけが進んでいってしまう。もちろん、丁寧にやっている方もいらっしゃるかも知れませんが、残念ながらそうでないコーチが多数を占めると思います。

もう少し具体的にお話ししましょう。

今、少年サッカーのコーチをしていたり、応援している父母の方のほとんどが、小学生から11人制のサッカーをやってきていると思います。すでにお伝えしましたが、現在小学生年齢で11人制のサッカーしているのは、東アジアの国だけです。日本、中国と韓国、それぐらいです。育成のシステムが進んでいる欧州や南米では、11人制のサッカーはほとんどしていません。オランダは小学生では4対4が中心。イギリスは7対7や8対8が中心のようです。

どうしてなのか、わかりますか?

トライアングル（三角形）という言葉をご存知ですね。サッカーはボールをもった人とあと2方向へのパスができるようなポジションをとっておくことが、プレーの基本形になります。常に3人の関係を考えるのが基本。サッカー先進国では小学生年代でこのトライアングルを徹底させます。3人だとトライアングルはひとつ、4人になると4つですね。3人でゲームをやったらトライアングルは1個だけ考えればいい。でも、ひとり増えたとたんにトライアングルを4つ考えなくてはいけない。小学生年代では実はこのあたりで止めておくべきなのです。8人制や4人制でやるチームや大会は増えてきたようですが、日本はまだ子どもたちに11人制をやらせています。

11人だったらトライアングルはいくつですか？　大人でもすぐには計算できませんね。だから小学生はそんなことはしないというのが欧州、南米の考え方です。

攻守にわたって11人が絡み合うということは、日本代表でも難しいのです。中村俊輔をどう使うのか、誰がどこに走りこんだらいいのかなど、あのオシム監督でさえ苦労していました。それをお父さんコーチや部活動の域での選手としての経験しかない人たちが小学生に11人のサッカーを教えることは、私から見れば不可能なことなのです。

とはいえ、今のところ11人制の大会や試合があるのだから、やるしかないというのが現状でしょう。それならば、まず、自分が中学校や高校でやっていたサッカーのイメージを捨てて下さい。中・高校生と小学生では、プレーできる部分、理解できる部分が異なります。そして、練習でのミニゲームはオランダの4対4、イギリスの8人制で、トライアングルのプレーを徹底させて下さい。

「う～ん。池上さんの言うこともわかるんだけど……」と今ひとつ納得できない人。そして、どうしてもつい指示してしまう人。それがサッカー経験者に多いのではないでしょうか。

だからこそ私は、厳しい言い方ですが、「中途半端にサッカーをやっていた人が一番危ない」と断言するのです。大学までサッカープレーヤーだった私も、かつては「危ないコーチ」でした。自分自身を「子どもにとって危ない存在」と認めるのは苦しい作業です。でも、それを認めた時点で、あなたは日本一の少年サッカーコーチになる「伸びしろ」をつかんだことになります。

サッカー少年と、彼らを支えるあなたがたコーチや保護者のみなさんこそが、日本サッカーの宝です。だからこそ、子どもも大人も真の輝きを見せてほしい。私はそう願っています。

煽《あお》ったり、追い込むばかりの声がけはやめよう

実は先日、私は日本サッカー協会が主催する公認B級コーチ養成講習会で指導実践をしてきました。

その講習会でインストラクターがどんな指導実践をしていたかというと……とにかくしゃべり続けていました。

「あっ、今のはよかった！」「今、そこは考えましたか？」「見てましたか？」「ナイスプレイ！」

デモンストレーションをしている選手が動いている間、インストラクターは絶え間なく声をかけている。なるほど。こうきたか。私は（ちょっと違うよな）と思いました。サッカー協会が望んでいるような指導の仕方はよくわかるし、自分もできる。（でも、ちょっと変えたろう）と。少しばかり違うことをやりました。

その講習でやったトレーニングをそのまま指導してもよかったのですが、ひとつだけ違う練習を入れてみました。10分しか時間がないのにメニューをふたつにしました。

中心課題はパス&コントロールでしたから、最初にボールを2個使ったハンドパスゲームで視野を広げることをした後、主のメニューであるボールキープのトレーニングをしたのです。

私は主になるトレーニングになった時に、「はい、どんどんやりましょう！」と最初に声をかけただけです。プレーを追いながらずっと声を出したりしません。全体的な課題になりそうなプレーがあった瞬間だけ「はい、ちょっとストップ！」「ここでどんなことを狙ってましたか？」と問いかけると、選手はちょっと困ったような顔をしましたが、自分が感じた修正点を言ってくれました。

「はい。では、このことを意識してやってください。それだけでいい。はい、やりましょう！」と続けました。しばらくしてまた問題が出た瞬間に「はい、ちょっとストップ！」「今、どうですか？」という言い方をした。そうすると「ボールのコントロールがまずかったから、パスが出せなくなった」

「自分でわかっていますよね？（笑）」とだけ言って、「じゃ、やりましょう」それで終わっていった。何か指摘されるわけでなく、「自分でわかっているでしょう？」と言われると選手は逆に自分ですごく考える。「なるほど、確かにそうだ」と深く納得するわけです。

終わった後の反省会で、インストラクターから「今日はすごくいいものを見せてもらった。勉強になりました」という声が上がりました。インストラクター自身が「実際、私も自分のチームを見る時は選手を追い込んでばかりだったかもしれない」と言うのです。

中途半端にサッカーをしていた人の「落とし穴」についてはすでに話しましたが、このようにC級のインストラクターをするほどの方でも自分のチームでは「追い込んでばかりだった」と自省しています。そのくらい、日本サッカーというより、日本のスポーツのコーチングは選手の思考力や洞察力の成長、そして自立さえ阻んでいるような気がしてなりません。

よく考えてみてください。

実は選手に任せて考えさせるほうが、指導者にとってもやりやすいのです。「サッカーのことよく知らないから、おれは何も言えないよ。みんな頑張ってな!」っていう方が気楽ですよね。「でも、やっていてなにか楽しくないことが出たら言ってね。どうしたら楽しくなるか、みんなで考えよう」そんな姿勢です。

でも実際はそれとは反対で、いつも声をかけて煽るのがコーチの仕事。それが日本の指導者、コーチのイメージなんですね。教えることが当たり前。いつも何か言わなければと、悪いところを一生懸命探しているのです。

「コーチ道具」はサングラスとディレクターチェア

問いかけて対話することと併行して、コーチには子どもたちに合ったトレーニング方法を提示する役目があります。なので、トレーニングメニューや方法を勉強する必要もあります。コーチを引き受けようと思った時点で、多少は勉強してください。

ただし、私はJリーグや日本サッカー協会が、そういった少年サッカーの方法論やメニューを伝える責任があると思うのです。子どもへの接し方や指導に悩んでいるコーチが多いということを理解しておかなくてはなりません。同時に、そういった少年サッカーコーチが日本のサッカーを支えているということを真摯《しんし》に受け止めて、彼らの力になることを推進していかなくてはならないと感じています。

とまあ、少しばかり壮大な話になってしまいました。次に、この際なのでさらに困ってしまうコーチの話をしましょう。

彼らがサッカー場に現れると、サングラスとディレクターチェアが雑誌の付録のようにもれなくついてきます。子どもは地面に座らせて自分はディレクターチェアにふんぞり返り、延々と指示というより小言のようなものを並べ立てる。それに、サングラスをかけているからどこを見ているかわからない。子どもたちは「誰にしゃべってるのかなあ?」と首をかしげたくなるのを我慢して聞いています。私は「何を勘違いしてんねん?」とおおっぴらに首をかしげるわけです。

このような不心得者は、子どもに対して失礼だと思うのです。子どもは必死でやっています。汗ぐっしょりになってフラフラになりながら試合したり、練習しています。コーチは足を組んでふんぞり返って座っていてよいのでしょうか。子どもより年寄りだから? 偉いから? うーん。私には理解できません。

もし、あなたの「コーチ道具」がサングラスとディレクターチェアで、しかもポケットにグラウンドの隅で吸う煙草まで入っているのなら、まずどれかひとつだけでも捨ててください。そして、あまり時間をかけずにひとつずつなくしてください。

これは私の生き方ですが、子どもを指導していた時代はベンチに座ったこともないし、ハーフタイムや練習の休憩時間に煙草を吸いに行ったりしたことはありません。いつも子どもと一緒にいました。

こんなことはお父さんコーチもできます。「一番危ない」と私に名指しされてしまったサッカー経験者のあなたにもできます。ぜひ、明日からそうしてください。そんな姿勢があなたの熱意として、子どもたちに必ず伝わります。

「問いかける」親が、子どもを伸ばす

指示命令を繰り返すだけの旧来の「コーチ像」を払拭《ふっしょく》して欲しい。そんなお話をしてきました。これは実は、子どもを後方支援するお父さんやお母さんがたにも当てはまります。

負けた試合の後。試合には勝ってもわが子の調子が悪かった時。

「なんであんなノーマークを外すわけっ⁉　シュート練習が足りないんじゃないの？」

「ここと ここが悪かったよな。よく自分で反省しろ！」

そんなふうに、子どもに対して一方的に話をしていませんか？　親は誰しも子どもがかわいいものです。だから、うまくなってほしい。成長してほしいと思うのは当然です。でも、同じ愛情でも、与え方を間違うと子どもをつぶしてしまうことになってしまいます。

指導者の取り組みとしてお伝えした「子どもに問いかける」という作業は、親が子どもを伸ばす際にもとても有効です。

例えば、子どもがノーマークのシュートを何度も外してしまったとしても、何も言わずに「今日はどこがダメだったと思う？」と問いかけてみてください。もしかしたら、お子さんは「シュートじゃないんだよなあ。全部その前のトラップ（パスなどを足元で止めること）がうまくいかなかったんだよな」と考えるかもしれません。けれど、お母さんが「もっとシュート練習をしなさい！」といきり立っていると、もういけません。考える暇を与えられないので「うるさいな！　練習すればいいんだろっ」と具体的な練習方法も考えず布団をかぶって寝てしまいます。

お母さんはシュートを決めてほしいという一心で言ったことなのに、わが子の胸の中では「うるさいオバサン」呼ばわりされている。そんな悲しい現実が、土・日の夜は日本国中のサッカー少年の家庭で繰り広げられているようです。

お父さんもかなり一方的です。子どもの考えも聞かずに自分の意見を押し付けています。挙句の果てに「反省しろ」で終わっています。本来なら、具体的にこんな練習がいいよね、今度付き合おうかとか、そこまで子どもに寄り添えるご両親がベストなのですが……。

「支配」ではなく、「対話」を

ところが、寄り添うどころか知らず知らずのうちに、子どもに対して支配的になっているお父さんやお母さんがいます。

例えば、近ごろ目に付くのは「勉強かスポーツか」を分けてしまう方です。本来、小学生ですから「勉強もスポーツも両方やればいいよね」というのがあるべき姿だと思うのですが、子どもがスポーツを頑張ると言い出したら、親もそのことばかり。「勉強しなくていい」とまでは言ってないのでしょうが、「スポーツやってるんだから仕方ないよね」そんな感覚のようです。

先日、幼稚園の保護者会で講演をした際、終わってから私に直接質問にいらっしゃったお母さんがいました。

「お兄ちゃんが6年生でバスケットをやっています。けっこう厳しいクラブで、地域から指導者が来てやっています。そうすると夜8時ぐらいに帰ってくる。毎日練習で土日は試合。宿題をする暇さえありません」

私は「じゃあ1日ぐらい練習を休んで勉強をする日にしたら？」と言いました。ところが、そうしようとするとチームメイトの親から「うちの子だって大変なのに。あなたの子だけどうして休むの？」みたいなことを言われてしまう。「どうしたらいいんでしょう」と非常に追い詰められた様子でした。

恐らく、そこにあるのは「勝利」を目指していい成績を残す目標しかないわけです。

本来は子どもと一緒に「バスケットは何のためにやっているのか」というところに立ち戻る必要があると思います。

私はそのお母さんに、こんなアドバイスをしました。

「プレーをしているのは子どもですよね。子どもが休んだことで仲間とうまくいかなくなるとか、もしもそんなことがあるとしたら、やはり指導者と相談する必要があるのではありませんか。本当に宿題もできないで困っていることを指導者に言ったほうがいいですよ」

子どもはバスケットを続けたい、頑張っている。でも、その子はどちらかというと控え組なのだそうです。それを見た時、お母さんは「もっと練習したら？」と言ったようです。そうすると、子どもはお母さんに対して「お母さんはぼくにどうしてほしいのか？」と言い出したわけです。

要するに、勉強も宿題もやらなきゃいけないと言いながら「もっと練習しろ」という親に対して、「どうなってほしいの？」「最初はバスケは楽しくやればいいって言ったじゃない？」と子どもはかなり混乱したようです。

恐らく、（レギュラーになってほしい）という母親の願いが表に出すぎたために、そういうことになってしまったのでしょう。本来なら親が子どもに問いかけて答えを引き出してあげなくてはならないのに、親のほうが問いかけられている。それでもこの男の子は自分の親の矛盾に気づいたうえに、自己主張できたからまだよかった。それさえできずに、支配的な大人に振り回されている子どもは少なくないと思います。

ですから、お父さんもお母さんも子どもとしっかり対話してほしい。子どもは本当はどう思っているのかを、憶測ではなくて言葉のキャッチボールで理解する。親として、どう思っているかという話をきちっとする。それができていない結果、宿題ひとつできない日々がどんどん積み重ねられているわけです。

この親子の大きな問題は、お母さんが指導者ときっちり話ができていなかったこと。少年サッカーもそうですが、さまざまな少年スポーツの一番の問題です。指導者と親がどれだけしっかり話し合いができるかはすごく重要です。強いチームに多いのは、「そんなに文句があるならやめてください」とコーチが言ってしまうパターンのようです。

コーチ対親、親同士のつきあい。そういった大人同士のコミュニケーションのまずさが続いた結果、子どもが大好きなスポーツを道半ばでやめることになってしまう。今、本当にそういうことが多すぎます。大人がもっと子どもの立場になって考える必要があるのではないでしょうか。

エピローグ　魔法からさめないために

3年間ジェフ千葉でともに過ごしたオシム監督は常々、「サッカーは人生の縮図だ」と話していました。サッカーは人生のすべてを教えてくれると。考える力、自立する心、乗り越える力、仲間を慈《いつく》しみ愛する心。サッカーにはすべての教育的要素が凝縮されているのです。

私は日本の少年サッカーを変えたくて、本書の出版を決めました。1ページずつ紡いでいたある日。「日本のサッカーを変えたい」と話していたオシム監督が、病に倒れられました。日本のサッカーを変える夢は道半ばでした。

監督が人々がサッカーをしている風景に出会うと、よく車を停めさせた話をしましたね。

「ここに日本のサッカーのルーツがあるぞ」

この言葉は、私の胸に深く刻まれています。

コーチのみなさん、お父さん、お母さん。サッカーが大好きなあなたがたの子どもたちの豊かな未来を生む「ルーツ」に、ぜひなってください。

私のサッカーの師である祖母井秀隆さん、ジェフの関係者にこの場を借りて御礼申し上げます。

その時々で一緒に歩んでくれた子どもたちにもお礼を言います。ありがとうね。

そして恐らく、若かった私がつぶしてしまったのかも知れない子どもたちにも。思いだけで言葉が出てきません。そして私の家族に──いつも陰で支えてくれてありがとう。

最後になりましたが、伴走していただいたライターの島沢優子さん、ありがとう。楽しかったです。

子育ての強い味方です！ eduの本のお知らせ

edu book

小学生ママの「しんぱい百科」家庭編

成田奈緒子・著

小学生ママのあらゆる「しんぱい」を解消する実例Q&A集。コママンガのイラストと平易な文章でママの「しんぱい」を「あんしん」に。

小学生ママの「しんぱい百科」学校編

16人の先生方とedu編集部編・著

ママの悩みに教育、学習、心理の専門家がテーマ別に答える「学び」と「生活」アドバイス集決定版！

祝・育児

浜 文子・著

子育てに悩み、迷うお母さんに向けての応援メッセージです。ママだけでなくパパにも。誕生ギフトにも最適です。

〔著者〕

池上 正 いけがみ・ただし

1956年大阪生まれ。元京都サンガFC普及部長。大阪体育大学客員教授。大阪体育大学卒業後、大阪YMCAでサッカーを中心に幼年代や小学生を指導。02年、ジェフユナイテッド市原・千葉に育成普及部コーチとして加入。同クラブ下部組織の育成コーチを務める。小学校などを巡回指導する『サッカーおとどけ隊』隊長として、千葉市や市原市を中心に年間190か所に及ぶ保育所、幼稚園、小学校、地域クラブなどで延べ40万人の子どもたちを指導した。2010年1月にジェフを退団。同年春より「NPO法人I.K.O市原アカデミー」を設立。代表としてスクールの運営や指導、講習会、講演をこなすかたわら、千葉大学教育学部、東邦大学理学部、東京YMCA社会体育専門学校で非常勤講師を務めている。11年より京都サンガFCアドバイザーに就任。著書に『サッカーで子どもがみるみる変わる7つの目標』（小学館刊）、DVDブック『サッカーで子ども力をひきだすオトナのおきて10』（カンゼン刊）など。雑誌『ジュニアサッカーを応援しよう』などでも育成に関するアドバイスを行っている。

〔構成〕

島沢優子 しまざわ・ゆうこ

フリーライター。筑波大学体育専門学群4年時に全日本女子大学バスケットボール選手権優勝に貢献。卒業後英国留学を経て日刊スポーツ新聞社東京本社勤務。スポーツ記者として、ラグビー、サッカー等を取材。98年よりフリー。雑誌等で子育てや教育関係、ノンフィクションを中心とした執筆、企画の立ち上げから構成までを担う本作りなど精力的に活動している。池上氏の全著書の構成を担当。『信じて根を張れ！楕円のボールは信じるヤツの前に落ちてくる』（小学館刊）など構成に関わる書籍及び著書多数。近著に高校バスケットを題材にした『左手一本のシュート　夢あればこそ。右半身麻痺からの復活』（小学館刊）。中学生の長男、小学生の長女はともにサッカークラブ所属。

edu book

サッカーで子どもをぐんぐん伸ばす11の魔法

2008年1月28日　初版第1刷発行
2023年1月30日　第21刷発行

著者　池上　正
発行人　下山　明子
発行所　株式会社　小学館
〒101-8001　東京都千代田区一ツ橋2-3-1
電話　編集　03(3230)5651
販売　03(5281)3555
印刷所　株式会社　美松堂
製本所　株式会社　若林製本工場

構成　島沢優子
装丁　阿部美樹子(気戸)
装画　宮澤ナツ
校正　吉田悦子
DTP　昭和ブライト
編集　木村順治

ISBN978-4-09-840108-6